LÍNGUA ESTRANGEIRA MODERNA—ESPANHOL

Formación en Español: lengua y cultura

Narración

Autores

Terumi Koto Bonnet Villalba
- Professora de Língua e Literatura Espanhola da Universidade Federal do Paraná (UFPR).
- Doutora em Estudos da Linguagem pela Universidade Federal do Rio Grande do Sul (UFRGS).

Maristella Gabardo
- Professora de Língua Espanhola do Instituto Federal do Paraná (IFPR).
- Mestre em Estudos Linguísticos pela Universidade Federal do Paraná (UFPR).

Rodrigo Rodolfo Ruibal Mata
- Professor de Língua Espanhola do Colégio Bom Jesus – Ensino Fundamental II e Ensino Médio.
- Mestrando em Estudos Linguísticos na Universidade Federal do Paraná (UFPR).

7º ANO

1ª Edição
Curitiba – 2012

Dados para Catalogação
Bibliotecária responsável: Izabel Cristina de Souza
CRB 9/633 – Curitiba, PR.

V714f   Villalba, Terumi Koto Bonnet, 1949-
         Formación en español : lengua y cultura : narración : 7º ano / Terumi Koto Bonnet Villalba, Maristella Gabardo, Rodrigo Rodolfo Ruibal Mata. – Curitiba : Base Editorial, 2012.
         136p. : il. col. ; 28cm. - (Língua estrangeira moderna : espanhol ; v.2)

         ISBN: 978-85-7905-936-0
         Inclui bibliografia

         1. Língua espanhola (Ensino fundamental) - Estudo e ensino. I. Gabardo, Maristella. II. Mata, Rodrigo Rodolfo Ruibal. III. Título. IV. Série.

                                                    CDD 21. ed.
                                                    372.6561
                                                    468.24

Formación en español: lengua y cultura
Copyright – Terumi K. Bonnet Villalba; Maristella Gabardo; Rodrigo R. Ruibal Mata.
2012

Conselho editorial
Mauricio de Carvalho
Oralda A. de Souza
Renato Guimarães
Dimitri Vasic

Gerência editorial
Eloiza Jaguelte Silva

Editor
Eloiza Jaguelte Silva

Coordenação de produção editorial
Marline Meurer Paitra

Assistência de produção
José Cabral Lima Júnior
Rafael Ricardo Silva

Iconografia
Osmarina Ferreira Tosta
Ellen Carneiro

Revisão
Terumi Koto Bonnet Villalba
Rodrigo Rodolfo Ruibal Mata
Donália Maíra Jakimiu Fernandes Basso

Licenciamento de texto
Valquiria Salviato Guariente

Projeto gráfico, diagramação e capa
Labores Graphici

Ilustrações
Labores Graphici – Ricardo Luiz Enz

Base Editorial Ltda.
Rua Antônio Martin de Araújo, 343 • Jardim Botânico • CEP 80210-050
Tel.: (41) 3264-4114 • Fax: (41) 3264-8471 • Curitiba • Paraná
Site: www.baseeditora.com.br • *E-mai*l: baseeditora@baseeditora.com.br

Presentación

Uno no escoge

Uno no escoge el país donde nace;

pero ama el país donde ha nacido.

Uno no escoge el tiempo para venir al mundo,

pero debe dejar huella de su tiempo.

Nadie puede evadir su responsabilidad.

Nadie puede taparse los ojos, los oídos,

Enmudecer y cortarse las manos.

Todos tenemos un deber de amor que cumplir,

una historia que nacer

una meta que alcanzar.

No escogimos el momento

para venir al mundo:

Ahora podemos hacer el mundo

en que nacerá y crecerá

la semilla que trajimos con nosotros.

Gioconda Belli (escritora nicaragüense)
<http://www.los-poetas.com/n/belli1.htm>. Acceso: el 14 de febrero de 2012.

Sumario

Unidad 1 — Páginas de la vida

Objetivo: Elaborar un texto biográfico, con ilustraciones 5

Tópicos:
Biografía y autobiografía

Soporte lingüístico:
Tiempos de pasado: uso del pretérito indefinido de indicativo
Uso de conectores: antes de, después de

Unidad 2 — Conciencia social

Objetivo: Reelaborar un relato corto sobre un caso de esclavitud moderna 39

Tópicos:
Estereotipos, prejuicio racial y marginación social

Soporte lingüístico:
Uso del pretérito imperfecto de indicativo
Contraste entre pretérito indefinido y pretérito imperfecto
Uso de conectores pero, sino
Formas de nombrar cantidad (mil, millón, mil millón, por ciento)

Unidad 3 — ¿En qué mundo vives?

Objetivo: Elaborar el final de un cuento...........................71

Tópicos:
Del entorno comunitario (ciudad, campo y litoral) al universo escolar

Soporte lingüístico:
Uso de sufijos diminutivos
Tiempos de pasado: el uso de pretérito indefinido x pretérito imperfecto
Uso de las estructuras "cuando tengo" x "cuando tenga"

Unidad 4 — Cuestión de salud

Objetivo: Reescribir una versión actualizada de Caperucita Roja 93

Tópicos:
Interacción y integración con el entorno

Soporte lingüístico:
Palabras derivadas
Uso de la anáfora pronominal: lo, la, los, las, le, les

Escuchando(solución)..134
Referencias 136

Objetivo general:
Al término del año lectivo, el alumno deberá ser capaz de producir un relato corto.

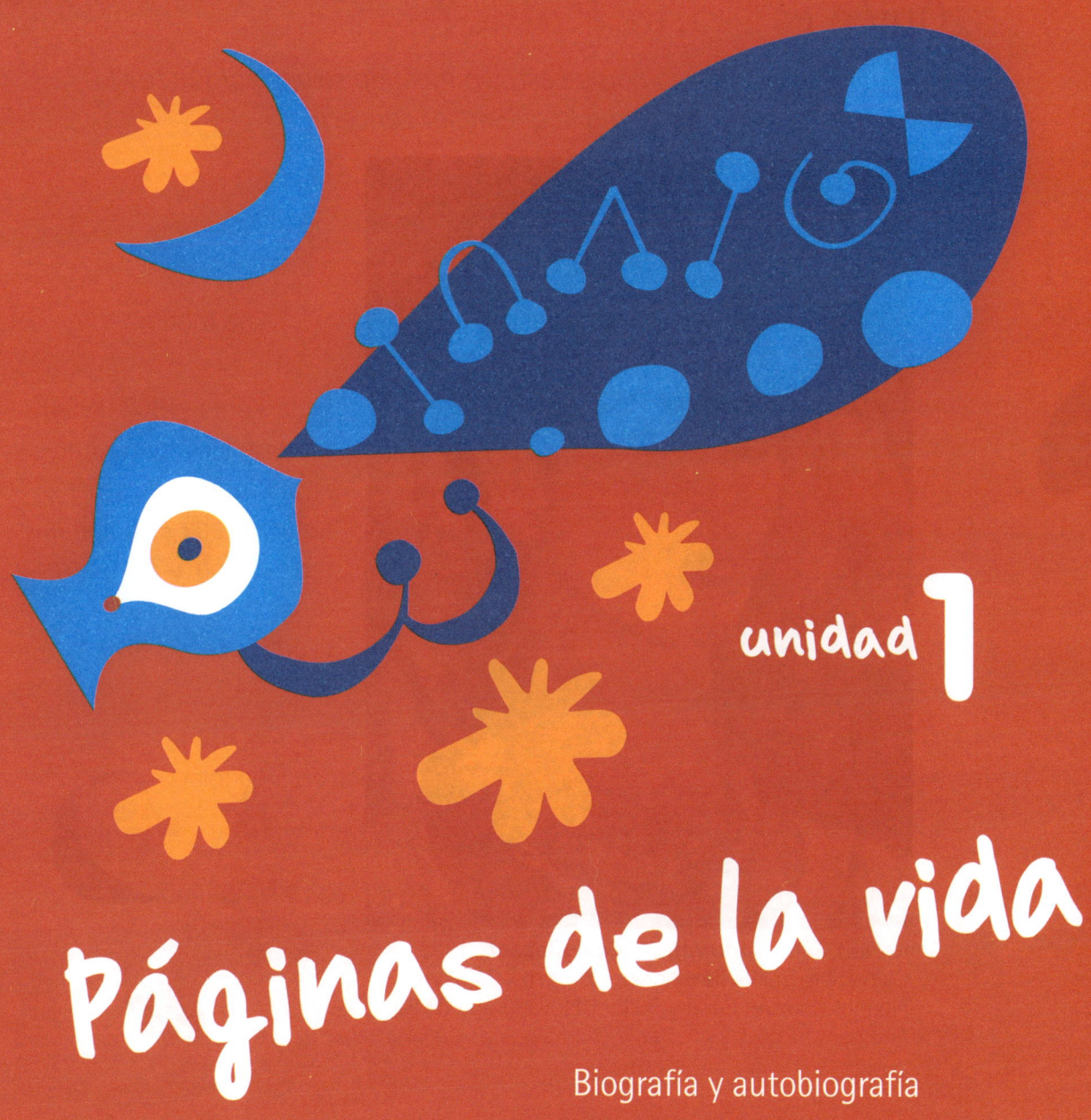

Páginas de la vida

Biografía y autobiografía

unidad 1

Objetivo:
Elaborar un texto biográfico con ilustraciones.

Calentando el motor

¿Quién es Frida Kahlo?

Me pinto a mí misma porque estoy a menudo sola, y porque soy la persona a la que mejor conozco.

Frida Kahlo (1907-1954) pintora legendaria mexicana que en sus obras representaba el dolor, la indignación y su matrimonio conturbado con el artista Diego Rivera.

KAHLO, Frida. **Autorretrato com macaco**. 1938.
Óleo sobre painel de madeira, 40,6 cm x 30,5 cm.
Albright-Knox Art Gallery Buffalo, Nova Iorque (EUA).

En parejas.

1. ¿Qué motivaría a una persona a hacerse un autorretrato?
2. ¿Qué características del cuadro llaman más su atención?
3. ¿Qué tipo de mujer parece ser Frida Kahlo?

   ( ) decidida   ( ) romántica   ( ) frágil

   ( ) malhumorada   ( ) seria   ( ) divertida

Frida Kahlo

Magdalena Carmen Frida Kahlo y Calderón fue una célebre pintora mexicana. Según ella, nació el 7/7/1910, aunque se rumorea que su verdadera fecha de nacimiento es el 6/7/1907. Nació en la ciudad de Coyoacán, en México. La niñez de Frida fue muy triste. A los seis años tuvo la polio, lo cual la dejó con una pierna mucho más corta y delgada que la otra para el resto de su vida. Esto siempre la acomplejó.

Rebelde por naturaleza, y ávida de sorprender, Frida ya de jovencita se vestía con ropas de hombre en ocasiones, para molestar a sus familiares en las reuniones que mantenían. Más tarde se cortó el pelo para hacer rabiar a su marido Diego Rivera; acto seguido, pintó este autorretrato. [...]

Aunque= En portugués, "embora".
Molestar= En portugués, "incomodar".
Acto seguido= En portugués, "logo depois".

KAHLO, Frida. **Autorretrato com cabelo cortado**. 1940. Óleo sobre tela, 40 cm x 28 cm. Museu de Arte Moderna de Nova Iorque (EUA).

En 1925, regresando de la escuela en autobús, Frida se vio involucrada en un trágico accidente, que casi le cuesta la vida, que le dejó secuelas que influyeron en ella el resto de su vida. Se partió la columna vertebral, la clavícula, varias costillas, la pelvis, y se fracturó una pierna en once lugares distintos. Estando en la cama tras el accidente, y aburrida, empezó a pintar. Este pasatiempo momentáneo terminaría por ser la pasión de su vida. "Yo pinto mi propia realidad. Lo único que sé, es que pinto porque lo necesito, y pinto lo que se me ocurre, sin más consideraciones."

Se vio involucrada= En portugués, "se envolveu".
Se me ocurre= En portugués, "me vem na cabeça".
A lo largo de= En portugués, "ao longo de".

A lo largo de su vida, y debido a las secuelas del accidente, se sometió a unas treinta operaciones, recurriendo al tequila para calmar el dolor. En muchos de sus cuadros quedan reflejados estos años de sufrimiento. A menudo se retrataba a sí misma con un collar de espinas, clavos, o con cortes en el cuerpo, a modo de expresar su dolor. [...]

En 1929, contrajo matrimonio con el muralista Diego Rivera. Fue un matrimonio apasionado, y alocado, entre dos personas de caracteres extremadamente fuertes. Durante su matrimonio, se sucedieron los amantes por parte de ambos cónyuges. Frida y Diego se divorciaron, pero antes de que transcurriera un año, se volvieron a casar. [...]

Diego Rivera (1886-1957), artista mexicano, terminando um mural no átrio Instituto Cordiac, Cidade do México (México), cerca de 1930.

Fue idea de Diego el que ella vistiera con las ropas tradicionales, que junto con sus cejas pobladas y bigote, llegaron a ser su símbolo. [...]

Frida Kahlo murió el 13/7/1954. Pero el culto a su arte sigue tan vivo, que se ha creado el "kahloísmo". Una especie de religión que considera a Frida una diosa.

Texto adaptado. GARCÍA-SJOCRIM, Kathy. Disponible en: <http://s98.middlebury.edu/SP305A/proyectos/garcia.html>. Acceso: el 14 de febrero de 2012.

Tequila = bebida mexicana muy fuerte.
A menudo = En portugués, "frequentemente."
A modo de = En portugués, "como para".

En parejas.

1. Comparen el autorretrato de Frida Kahlo y el texto biográfico escrito por Kathy García-Sjogrim y contesten las siguientes preguntas:

1.1. ¿En qué aspectos se parece el autorretrato que hace Frida Kahlo con la descripción que hace de ella García-Sjogrim?

1.2. ¿Cómo justifica Frida Kahlo su pasión por pintar autorretratos?

1.3. ¿Por qué se pintaba Frida con collar de espinas y clavos y con el cuerpo totalmente lastimado?

_____

2. Según el texto de García-Sjogrim, es correcto afirmar sobre Frida Kahlo:

   a) Su casamiento con Diego Rivera fue por amor.

   b) Tanto Diego como Frida tuvieron amantes.

   c) Después de divorciados, Diego y Frida no se vieron más.

   d) Frida se separó de Diego porque él se buscó amantes.

   e) Después de las operaciones, el dolor era tan fuerte que Frida pasó a beber tequila para aguantarlo.

3. Busquen en el texto de García-Sjogrim las partes que justifiquen las respuestas del punto anterior.

_____

_____

_____

4. ¿Qué ropas le sugirió Diego a Frida?

_____

5. Según García-Sjogrim, ¿cuáles son los signos que caracterizan a Frida Kahlo?

_____

6. Seleccionen algunos ejemplos del texto de García-Sjogrim que revelan la personalidad fuerte de Frida Kahlo.

_____

_____

_____

7. ¿Por qué aparecen el mono y las hojas en el autorretrato de Kahlo?

_____

Explorando el texto

1. ¿En qué orden están organizados los datos biográficos de Frida Kahlo?

2. Considerando que una obra de arte no es una mera reproducción de la realidad, sino su interpretación, ¿qué informaciones están representadas en el autorretrato de Frida Kahlo?

3. Diego Rivera era tan nacionalista como Frida. ¿En qué se nota ese nacionalismo?

Interactuando con el texto

1. ¿Qué significa el kahloísmo?

2. ¿Qué significa "muralista"?

3. Consulten la biografía de Diego Rivera y seleccionen un ejemplo de pintura muralista.

4. Mencionen otro muralista latinoamericano famoso y anoten su nombre y una de sus obras.

Murales: una pintura que tiene como soporte una pared o muro y son normalmente bastante grandes.

5. ¿En qué museo están expuestas las principales obras de Frida Kahlo? ¿Y las de Diego Rivera?

_____

_____

Fíjate en el texto los verbos terminados en "-ar" que están en Pretérito Indefinido y completa la tabla con la ayuda de tu profesor(a).

	Dejar	Cortar	Acomplejar	Pintar	Llegar
Yo	Dejé				
Tú		Cortaste			
Él/Ella/Usted			Acomplejó		
Nosotros				Pintamos	
Ellos/Ellas/Ustedes					Llegaron

Haz lo mismo con los verbos que encontramos terminados en "-er" y en "-ir".

	Sorprender	Someterse	Suceder	Partir	Transcurrir
Yo	Sorprendí				
Tú		Te sometiste			
Él/Ella/Usted			Sucedió		
Nosotros				Partimos	
Ellos/Ellas/Ustedes					Transcurrieron

Observa la siguiente tabla con algunos verbos muy usados e irregulares:

	Tener	Ir/Ser	Hacer	Estar	Decir	Poner
Yo	Tuve	Fui	Hice	Estuve	Dije	Puse
Tú	Tuviste	Fuiste	Hiciste	Estuviste	Dijiste	Pusiste
Él/Ella/Usted	Tuvo	Fue	Hizo	Estuvo	Dijo	Puso
Nosotros	Tuvimos	Fuimos	Hicimos	Estuvimos	Dijimos	Pusimos
Ellos/Ellas/Ustedes	Tuvieron	Fueron	Hicieron	Estuvieron	Dijeron	Pusieron

Practicando la lengua

1. Selecciona uno de los verbos indicados al final del cuento *La hormiguita Micaela* y completa los espacios adecuadamente.

Micaela había sido una hormiguita alegre y feliz, sabiendo que su destino era trabajar para llenar el hormiguero de comida para todas sus hermanas.

Fuerte y voluntariosa siempre cogía las cosas más pesadas y andaba más deprisa para poder hacer más viajes cargada de trocitos de manzana, mígas de pan... Pero los años _____.

Un verano Micaela _____ que sus patitas le fallaban, que le dolía mucho la espalda y que ya no podía caminar tan rápidamente.

Un día cuando _____ al hormiguero, la última, estaban todas sus hermanas cuchicheando y criticándola.

¡Ya no recordaban todo el esfuerzo que Micaela había realizado durante años!

De su corazón _____ una terrible y fría nube llena de dolor y no lo _____ soportar. Micaela _____ del hormiguero y _____ irse caminar sola por el mundo.

No le importaba si pasaba un ser humano y la aplastaba o un oso homiguero y se la comía. Algún día encontraría alguna hormiga buena y sin darse cuenta _____ a cantar mientras caminando despacito por un camino lleno de margaritas.

se dio cuenta – salió – pudo – llego – pasaron – volvió – decidió – se apoderó

Disponible en: <www.losmejorescuentos.com/cuentos/romanticos944.php>. Acceso: el 12 de febrero de 2012.

2. Ahora eres tú la hormiguita Micaela. Reescribe el cuento desde tu punto de vista.

_____

_____

_____

_____

_____

_____

_____

_____

Museo

Un **museo** (del latín *museum* y éste a su vez del griego *Mouzeíov*) es una institución pública o privada, permanente, con o sin fines de lucro, al servicio de la sociedad y su desarrollo, y abierta al público, que adquiere, conserva, investiga, comunica y expone o exhibe, con propósitos de estudio, educación y deleite colecciones de arte, científicas, etc., siempre con un valor cultural, según el Consejo Internacional de Museos (ICOM)[1]. La ciencia que los estudia se denomina museología y la técnica de su gestión museografía.

Los museos exhiben colecciones, es decir, conjuntos de objetos e informaciones que representan algún rubro de la existencia humana.

Rubro: Am. Meridional, "conjunto de artículos de consumo de un mismo tipo o relacionado con una determinada actividad".

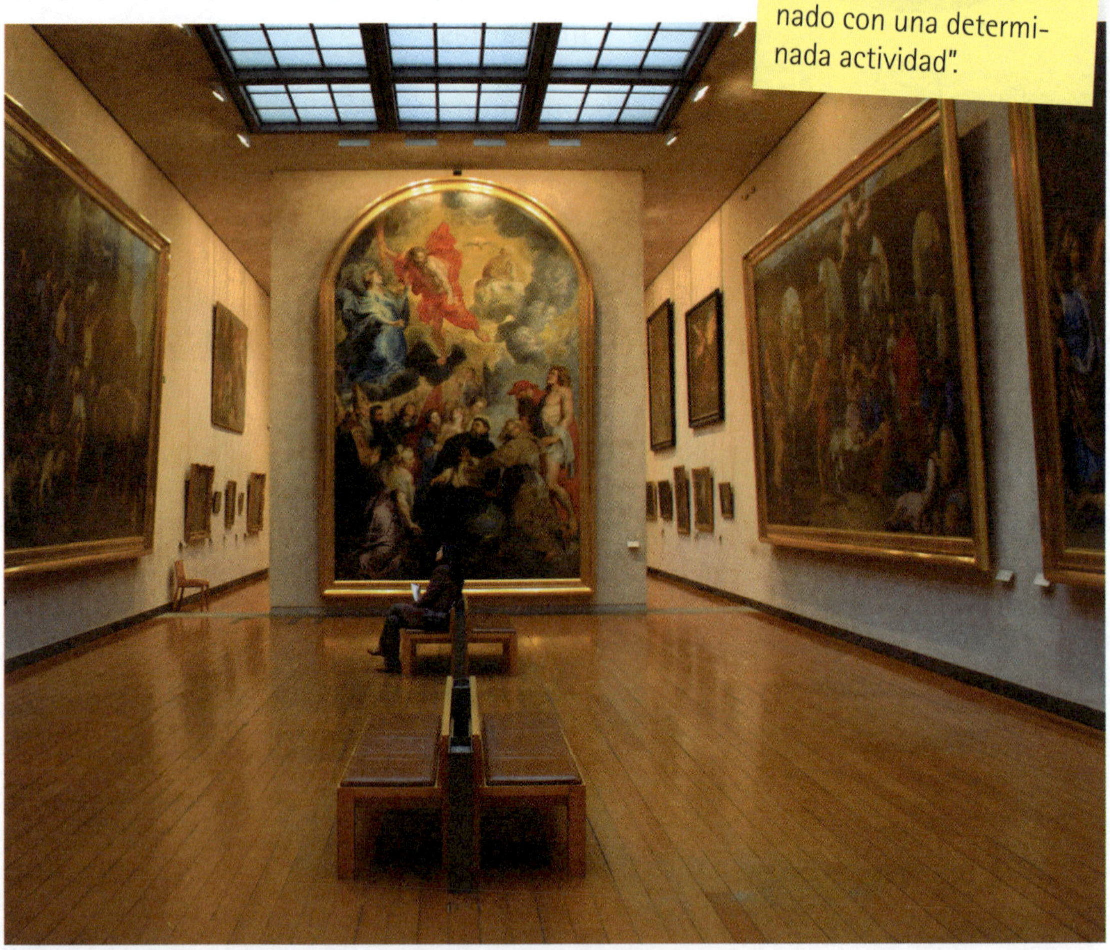

Interior de Beaux-Arts Museum, em Lyon (França), 2008.

Museu Americano de História Natural, Nova Iorque (EUA), 2010.

Basílica de Santa Sofia, também conhecida como Hagia Sophia. Edifício construído entre 532 e 537 pelo Império Bizantino para ser a catedral de Constantinopla, convertido em mesquita em 1453 e transformado em museu em 1935.

Este tipo de colecciones, casi siempre valiosas, existió desde la Antigüedad. En los templos se guardaban objetos de culto u ofrendas que de vez en cuando se exhibían al público para que pudiera contemplarlos y admirarlos. Lo mismo ocurría con los objetos valiosos y obras de arte que coleccionaban algunas personas de la aristocracia en Grecia y en Roma; los tenían expuestos en sus casas, en sus jardines y los enseñaban con orgullo a los amigos y visitantes. Es en el Renacimiento cuando se da el nombre de "museo" tal y como lo entendemos hoy a los edificios expresamente dedicados a tales exposiciones. Por otra parte están las galerías de arte, donde se muestran pinturas y esculturas. Su nombre deriva de las galerías (de los palacios y castillos), que eran los espaciosos vestíbulos de forma alargada, con muchas ventanas o abiertos y sostenidos por columnas o pilares, destinados a los momentos de descanso y a la exhibición de objetos de adorno, muchas veces obras de arte.

[1]Los museos, fruto de una nueva presión social, han pasado de ser meros depósitos, contenedores de unos tesoros dignos de devoción, a exigírseles una dinámica viva, cambiante, renovadora. No valen ya exposiciones que permanecen inmutables en el tiempo, sino que la sociedad demanda novedades, tanto expositivas como en lo concerniente al contenido de éstas. Ello ha provocado que dejen de ser lo estáticos que fueron antaño.

Disponible en: <http://es.wikipedia.org/wiki/Museo>. Acceso: el 14 de febrero de 2012.

1. ¿Cuáles son las funciones de un museo?

2. Señala las alternativas correctas, según el texto:
   a) El museo, tal como se conoce hoy, empezó en el Renacimiento.
   b) Antes de existir el "museo", desde la Antigüedad había coleccionadores de obras artísticas.
   c) En la Antigüedad las colecciones de arte eran guardadas en los templos y no eran vistas por el público.
   d) En las galerías de los palacios y castillos se exhibían objetos de adorno u obras de arte.
   e) Los aristócratas griegos y romanos exponían las obras de arte en los jardines de sus casas para venderlas.

3. ¿Cuál es la diferencia entre el museo tradicional y el museo moderno?

Explorando el texto

En parejas

1. El texto *Museo* es un texto informativo. Ordenen la secuencia de informaciones que aparecen en él.

    a) Qué significa la palabra "museo".

    b) Cuándo se inició a usarse la palabra "museo" con el sentido actual.

    c) Qué son las galerías de arte.

    d) De dónde surgió la noción de galería de arte.

    e) Cuándo se comenzó la práctica de coleccionar objetos de culto u ofrendas.

2. En América meridional se usa la palabra "rubro" en un sentido técnico especial. Expliquen qué significa la frase "los museos exhiben colecciones, es decir, conjuntos de objetos e informaciones que representan algún rubro de la existencia humana".

3. ¿Qué significa el nº 1 inmediatamente después de la sigla (ICOM)?

4. En el texto analizado, ¿cuál es la información complementaria que aparece al final del texto?

5. ¿En qué tipo de textos suelen aparecer citas al pie de página?

Interactuando con el texto

En grupos de 4 ó 5 compañeros.

1. Averigüen cuándo es el día internacional de los museos, instituido por la ONU.

2. Mencionen por lo menos tres tipos de museos.

3. ¿Qué tipo de museo les gustaría conocer? ¿Por qué?

Escuchando

Pista 1

1. Escucha los siguientes trechos de un texto sobre el Museo del Caribe, situado en Barranquilla, Colombia, y responde las preguntas:

Jdvillalobos/W. Commons

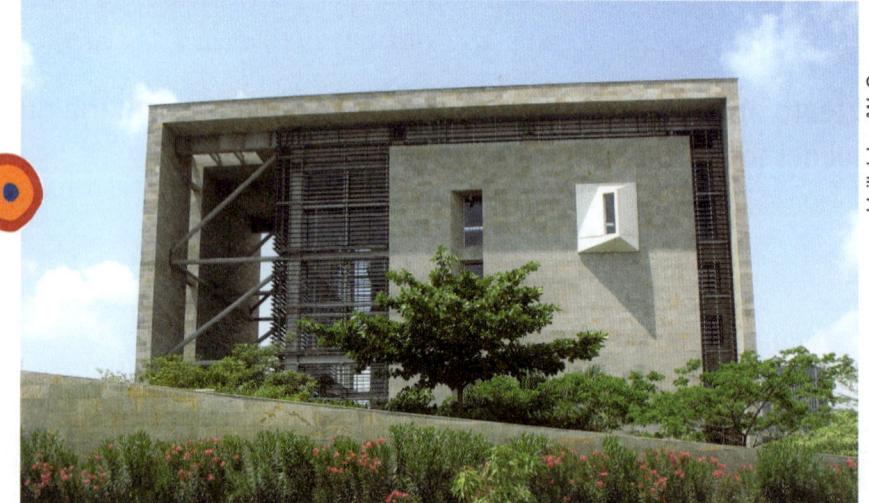

Vista do Museo del Caribe, em Barranquilla/Colombia, 2008.

a) ¿Quién es el responsable por el Museo del Caribe?

_____

b) ¿Qué hace?

_____

c) ¿Qué tipo de Museo es éste? ¿Por qué?

_____

_____

_____

d) ¿Cómo se les llama a los museos?

_____

Pista 2

2. Escucha la segunda parte de este texto y relaciona las salas con las cosas que puedes encontrar en cada una de ellas:

a) Sala de la Naturaleza   ( ) cómo son y qué tradiciones tienen las personas del Caribe;

b) Sala de la Gente   ( ) cómo se desarrollaron los pueblos política y socioeconómicamente;

c) Sala de la Palabra   ( ) las expresiones culturales de este pueblo, como la danza, los ritmos, las tradiciones, etc.;

d) Sala de la Acción   ( ) cómo era la vegetación y qué animales vivían ahí antes de la llegada del hombre;

e) Sala de la Expresión   ( ) cómo se expresan las personas y qué artefactos culturales han producido con su propia lengua, como historias, poemas, etc.

Pista 3

3. Escucha la tercera y última parte y ordena el texto:

( ) Va a encontrar el talento de la expresión corporal y musical de sus pueblos, su determinación, su voluntad de estar juntos y muchos motivos para ser feliz, siendo Caribeño.

( ) Concluyó Dantas y así mismo extendió una invitación a visitar el museo, "un lugar para conocer y reconocer la identidad del Caribeño.

( ) "Este hecho le otorga un papel muy importante para que el pueblo del Caribe se reconozca y se sienta orgulloso de ser este pueblo" expresó Marcello Dantas.

( ) "Este proyecto nos enseñó que no importa el tamaño de la sociedad, sus dificultades sociales, políticas y económicas."

( ) El público encontrará en él una naturaleza imaginaria, las voces que han creado la palabra en el Caribe, los instrumentos que han hecho el trabajo del hombre sobre el tiempo y el espacio.

( ) Su lenguaje es el de un Museo que es en gran parte inmaterial, ya que no está basado en una colección.

( ) "Mediante un nuevo lenguaje y celebrar lo bello que hay en esta sociedad, su diversidad y su historia", añadió.

( ) "Es posible crear un puente para una sociedad mejor cuando hay una voluntad positiva creadora".

4. Ahora lee este texto sobre el Museo de la Lengua Portuguesa situado en la antigua estación de trenes de São Paulo y contesta:

Salão de Exposições Temporárias do Museu da Língua Portuguesa, localizado no primeiro andar da Estação da Luz, São Paulo.

La idea de convertir esta estación en museo surgió en 2002 y se concretó en 2006, año en que se inauguró.

El objetivo central fue crear un espacio vivo e interactivo sobre la lengua portuguesa, considerada la base de la cultura brasileña. El proyecto arquitectónico es obra de Paulo y Pedro Mendes da Rocha y el diseño interior de Ralph Appelbaum que considera que los museos ya no exponen objetos, sino ideas. Los objetos se han convertido en medios secundarios para comunicar los discursos. El discurso museológico está a cargo de la socióloga Isa Grinspun Ferraz, que coordinó un equipo de treinta especialistas del idioma para el museo. La dirección artística es de Marcello Dantas. El museo tiene un carácter innovador y fundamentalmente virtual. Combina arte, tecnología e interactividad, pero a la vez, no deja pasar por alto a sus visitantes que está situado en un sitio histórico. Cuenta con las más diversas exposiciones, en las que a través de objetos, videos, sonidos e imágenes proyectadas en grandes pantallas se abordan distintos aspectos de la lengua portuguesa.

> A la vez: al mismo tiempo.

<http://www.mcu.es/museos/docs/MC/MES/Rev04/Itinerario_Museologia_Arquitecturas_Iberoamerica_Bellido.pdf>. Acceso: el 5 de diciembre de 2011.

a) ¿Cuál es el principal objetivo del Museo del Caribe y de la Lengua Portuguesa?

b) ¿Por qué en el primer texto se afirma que el museo tiene básicamente un lenguaje inmaterial?

c) ¿Qué tipo de recursos se utilizan en estos museos para innovarlos?

TEATRO DO PÉ

Home   O Grupo   Espetáculos   Agenda   Blog

42 Comentários

Publicado por Mateus Faconti em 6 de julho de 2007 em Cultura Popular.

Depoimentos Literatura Livros Pesquisas

Autobiografia de Patativa do Assaré

Eu, Antônio Gonçalves da Silva, filho de Pedro Gonçalves da Silva, e de Maria Pereira da Silva, nasci aqui, no Sítio denominado Serra de Santana, que dista três léguas da cidade de Assaré. Meu pai, agricultor muito pobre, era possuidor de uma pequena parte de terra, a qual depois de sua morte, foi dividida entre cinco filhos que ficaram, quatro homens e uma mulher. Eu sou o segundo filho.

Quando completei oito anos, fiquei órfão de pai e tive que trabalhar muito, ao lado de meu irmão mais velho, para sustentar os mais novos, pois ficamos em completa pobreza. Com a idade de doze anos, frequentei uma escola muito atrasada, na qual passei quatro meses, porém sem interromper muito o trabalho de agricultor. Saí da escola lendo o segundo livro de Felisberto Carvalho e daquele tempo para cá não frequentei mais escola nenhuma, porém sempre lidando com as letras, quando dispunha de tempo para este fim. Desde muito criança que sou apaixonado pela poesia, onde alguém lia versos, eu tinha que demorar para ouví-los. De treze a quatorze anos comecei a fazer versinhos que serviam de graça para os serranos, pois o sentido de tais versos era o seguinte: brincadeiras de noite de São João, testamento do Judas, ataque aos preguiçosos, que deixavam o mato estragar os plantios das roças, etc. Com 16 anos de idade, comprei uma viola e comecei a cantar de improviso, pois naquele tempo eu já improvisava, glosando os motes que os interessados me apresentavam.

[...]

Quando eu estava com 20 anos de idade, o nosso parente José Alexandre Montoril, que mora no estado do Pará, veio visitar Assaré, que é seu torrão natal, e ouvindo falar dos meus versos, veio à nossa casa e pediu à minha mãe, para que ela deixasse eu ir com ele ao Pará, prometendo custear todas as minhas despesas. Minha mãe, embora muito chorosa, confiou-me ao seu primo, o qual fez o que prometeu, tratando-me como se trata um filho.

[...]

Disponible en: <http://blog.teatrodope.com.br/2007/07/06/autobiografia-de-patativa-do-assare/>. Acceso: el 15 de febrero de 2012.

1. ¿Cómo fue la infancia de Patativa do Assaré?

2. ¿Cuál es la razón de haber pasado una infancia dura?

3. Sobre su experiencia escolar Patativa do Assaré considera que:
   a) fue pobre porque la empezó tarde, a los doce años;
   b) ni siquiera aprendió a leer durante el período en que frecuentó la escuela;
   c) fue limitada porque tenía que seguir trabajando en el campo;
   d) aprendió lo suficiente para seguir leyendo después de abandonar la escuela;

4. ¿Cómo explica Patativa do Assaré el hecho de llegar a ser un poeta reconocido si había abandonado la escuela después de cuatro meses de empezar los estudios?

Explorando el texto

En parejas.

1. ¿Cómo se llama el género textual que relata la vida de una persona desde su propia perspectiva, usando la primera persona singular ("eu" = "yo")?

2. Si este es un texto autobiográfico, ¿por qué se menciona el nombre de Mateus Faconti?

3. En este texto aparecen algunas expresiones que son propias de la región natal de Patativa. Expliquen el sentido contextualizado de:

a) demorar ("eu tinha que demorar para ouvi-los"):

___

b) servir de graça ("versinhos que serviam de graça para os serranos"):

___

c) torrão natal ("veio visitar o Assaré, que é seu torrão natal"):

___

4. ¿Cuál es la relación entre Antônio Gonçalves da Silva y "patativa"?

___

___

5. ¿A qué se refiere la expresión "do Assaré" que acompaña el apodo "Patativa"?

___

6. Los hechos biográficos pueden relatarse de acuerdo a una secuencia temporal, o sea, según el orden cronológico. Anoten, cronológicamente, los hechos más significativos destacados por Patativa do Assaré después de su nacimiento en Assaré.

___

___

___

___

___

Interactuando con el texto

En parejas.

1. Con ayuda de un buen diccionario de portugués, expliquen las siguientes expresiones:

a) improvisar: ___

b) glosar: _____

c) mote: _____

2. El que improvisa versos usando un mote, acompañado de una viola, es el típico poeta popular del Nordeste de Brasil. Busquen datos sobre "repentistas" y anótenlos a continuación (qué tipos de motes son más comunes, dónde actúan normalmente, qué instrumentos tocan, etc.).

Repentistas, poetas populares do Nordeste brasileiro.

3. En las ferias populares nordestinas se venden poemas escritos por poetas locales, tratando de temas tradicionales, como el del "cangaceiro" Lampião o el de su compañera Maria Bonita, o de asuntos actuales referentes a la corrupción de los políticos, a las costumbres urbanas, a las fiestas religiosas. Estos versos componen la "literatura de cordel", o sea, los que se exponen colgados en una bramante (=cordinha). Busquen algún poema de literatura de cordel y transcríbanlo en las líneas que siguen.

Sugerencia: Con ayuda de un(a) profesor(a) o de un(a) especialista, averigüen qué es la "xilografía", el arte que ilustra la literatura de cordel. Otra posibilidad es escoger un poema y producir la ilustración xilográfica destacando el mote.

Escuchando

Pista 4

4. Escuchen los siguientes fragmentos adaptados de Lazarillo de Tormes (autor anónimo), obra escrita y publicada en España en el siglo XVI. Completen lo que falte y comparen la autobiografía de Patativa do Assaré con la de Lazarillo de Tormes. Anoten las semejanzas y las diferencias.

Tratado Primero

Lázaro cuenta los primeros años de su vida

_____ Lázaro de Tormes, hijo de Tomé González y Antona Pérez, ambos de Tejares, _____ de Salamanca. Una noche, cuando los dos estaban _____ en el molino del río Tormes, mi madre sintió los dolores del parto y _____, razón por la cual adopté el apellido Tormes.

Cuando tenía ocho años, prendieron a mi padre bajo la acusación de robo. Como no negó nada, fue enviado a _____ contra los moros y murió en la batalla.

Como mi madre se vio pobre y _____, fue a vivir a la ciudad, donde se dedicaba a _____ a algunos estudiantes y a lavar ropa a ciertos mozos de la caballeriza del comendador de la Magdalena.

Durante ese período, mi madre vino a _____ que trabajaba para el comendador. A mí me gustaba que fuera a nuestra casa, porque siempre que venía, traía alguna comida o útiles _____.
Pero, pronto se descubrió que ese señor le robaba a su amo para traernos el _____. A mi madre y a él los condenaron a castigos muy severos y tuvieron que separarse.

Nuevamente sola, pero con dos hijos (mi hermanito y yo), tuvo que _____ en el mesón de Solana donde también yo hacía algunas tareas para sobrevivir. Allí llegó un ciego a quien le caí bien, y éste me pidió a mi madre. Llorosa, accedió a su pedido, rogándole que _____, porque era hijo de un _____, muerto en batalla. Él contestó que así sería y que me recibiría como si fuera su hijo.

Y así, salí del lado de mi madre para acompañar _____.
Ojalá no lo hubiese hecho, porque fue cuando empezó mi calvario.

LA VIDA DE LAZARILLO DE TORMES y de sus fortunas y adversidades.
Alicante: Biblioteca virtual Miguel de Cervantes, 2004. Disponible en: <http://www.cervantesvirtual.com>

Semejanzas	Diferencias

5. Actualmente la palabra "lazarillo" significa "la persona o el perro que guía al ciego". ¿Cuál es la relación entre el nombre Lazarillo de Tormes y el sustantivo común "lazarillo"?

_____

_____

Sugerencia: lectura del texto adaptado de Lazarillo de Tormes, sobre todo el primer tratado, para discutir la cuestión de la pobreza que enseña las variadas formas de sobrevivencia.

Produciendo un texto propio

En parejas.

1. Participen en el *blog* de Mateus Faconti, comentando la importancia de Patativa do Assaré, en forma de versos preferentemente rimados.

   #### Etapas
   a) Lean el poema escrito por Raimundo Ferreira de Souza (10/set/2008 a las 3:44 am) como ejemplo.

Eu nasci na cidade
Mas tenho alma sertaneja
Espero que o povo veja
Um poeta de verdade
De fibra, brio e fé.
Antônio Gonçalves da Silva
O Patativa do Assaré

Ferreira do Assaré
Esse é um poeta fenomenal
A ele não tem comparação
Eu sou um sujeito normal
Por ele tenho muita admiração.

<http://blog.teatrodope.com.br/2007/07/06/autobiografia-de-patativa-do-assare/>

b) Subrayen las rimas del poema anterior con distintos colores.

c) ¿Qué pretende el autor al escribir este poema?

d) Elijan qué aspectos de la vida o de la personalidad de Patativa do Assaré quieren destacar.

e) Escriban la primera versión, prestándole atención al contenido.
f) Relean lo escrito, buscando mejorarlo: comparaciones, rimas, sinónimos, etc.
g) Transcriban la versión final en el espacio. Si lo desean, háganle una ilustración.

2. Reúnan las producciones de su clase en una cartulina al lado del diálogo en versos entre A. Morais y Patativa do Assaré (23/abr/2008 a las 9:32 am), indicado a continuación.

A. Morais
Amigo Patativa,
responda-me se souber.
Quantos pés de capim
tem daqui pro Assaré?

Patativa do Assaré
Se a seca não matou
E o gado não comeu
Tem o mesmo que nasceu.

Disponible en: <http://blog.teatrodope.com.br/2007/07/06/autobiografia-de-patativa-do-assare/>. Acceso: el 15 de febrero de 2012.

Puerta de acceso

El cocuyo y la mora

Reprodução

Título: El cocuyo y la mora
Editorial: Ediciones Ékare
Número de páginas: 36 páginas
Resumen: Después de un largo viaje, un cocuyo conoce a una vieja mora que lo atiende con ternura y lo entretiene con una plática interesante. Ella desea que se quede, pero al cocuyo no le interesa una mora vieja y deshojada. Después de un tiempo vuelve a verla, pero la mora ha cambiado totalmente y el cocuyo tendrá más de una razón para lamentar su decisión... El relato explica de una manera poética el origen de la luz de los cocuyos.

1. **Plática**: En varias regiones americanas, "conversación entre dos o más personas".
2. **Mora**: En portugués, "amoreira".
3. **Luciérnagas**: En portugués, "vagalumes".
4. **SEP**: En México, sigla de Secretaría de Enseñanza Pública.

Escuchando

Pista 5

Escucha a un comentario sobre esta leyenda y marca la opción correcta:

1. ¿De dónde es esta leyenda?
   a) De los indios pemón de México.
   b) De los indios pemón de Venezuela.
   c) De los indios peapetón de Venezuela.

2. ¿A qué se compara la belleza de los cocuyos?
   a) A los pájaros.   b) A las luces.   c) A las luciérnagas.

3. Esta comparación se da porque...
   a) Los dos brillan por la noche.
   b) Los dos son insectos.
   c) Los dos tienen luz propia.

El cocuyo y la mora

Un gran cocuyo salió de viaje a visitar unos tíos que vivían muy lejos, al otro lado de la sabana. Volando, volando, llegó al atardecer a un cerro donde vivía una mora. Se sentía cansado y somnoliento y decidió quedarse allí a pasar la noche.

La mora estaba vieja, deshojada y encorvada y de sus ramas asomaban unos dientazos muy feos. El cocuyo se acercó buscando un sitio para dormir. A la mora le gustó la manera de volar, el zumbido de sus alas y los ojos brillantes del cocuyo. Le dio comida y bebida. Le colgó con cuidado en su chinchorro y lo entretuvo con conversaciones interesantes hasta muy entrada la noche.

– ¿Quieres casarte conmigo, cocuyo? preguntó por fin la mora. Pero el cocuyo se hizo el dormido y no le contestó. La mora lo tocó suavemente y volvió a preguntar:

– ¿Quieres casarte conmigo, cocuyo? El cocuyo abrió los ojos y contestó molesto:

– Yo no te quiero, mora. Eres vieja, estás deshojada y encorvada. Estás muy fea. No me casaré contigo.

Chinchorro: "hoja", pero literalmente significa "pequeña embarcación de remos".

Al amanecer, el cocuyo siguió su camino y después de mucho volar llegó hasta la casa de sus tíos. Allí se quedó varias lunas conversando y bailando. Luego emprendió el viaje de regreso. Pasó por los mismos lugares por donde había venido y un día llegó al mismo cerro donde vivía la mora. Y ¡qué sorpresa! La mora estaba totalmente cambiada. Estaba joven, vestida con hojas nuevas y adornadas con flores.

– ¡Qué buenamoza estás, mora! Exclamó el cocuyo. Te ves muy linda llena de flores. Me gustas mucho. ¿Quieres casarte conmigo?

Pero la mora no le contestó.

– Mora, morita, cásate conmigo, suplicó el cocuyo.

– No, cocuyo, dijo la mora.

Y por más que insistió el cocuyo, ella no le hizo caso.

> **Arreglárselas**: Ingeniarse para salir de un apuro o lograr algún fin.

– Por lo menos dime cómo te las arreglaste para ponerte tan buenamoza, rogó el cocuyo.

Y la mora contestó:

– Ésa no fui yo. Unos hombres que andaban cazando por allí me prendieron fuego y con el fuego precisamente me volví joven y bella otra vez.

– ¡Mora! Exclamó el cocuyo entusiasmado. ¿No podré volverme joven igual que tú?

– No sé. Si te parece, hazlo, pero ten cuidado.

Entonces el cocuyo vio cerca de allí una hoguera que habían prendido unos hombres.

– Yo también me pondré joven y buenmozo como la mora. Tal vez así ella me quiera. Y sin pensarlo más voló al fuego.

Pero apenas lo tocaron las llamas y sintió que se quemaba, el cocuyo arrancó a toda prisa. Sacudió las alas para apagar las chispas. Y se frotó contra la hierba verde. Entonces se miró y vio que estaba todo negro y chamuscado. Sólo en la cola le quedaba una chispita que no podía apagar. Por más que voló y batió las alas, allí quedó la chispita.

Muy triste y un poco avergonzado, el cocuyo se alejó de la mora y siguió su viaje hasta su casa.

Desde entonces todos los cocuyos tienen ese color negro y esa luz en la cola. Todos los cocuyos rondan las moras cuando están en flor, con la esperanza de enamorarlas. Y cuando por las noches ven una hoguera, allí se arrojan.

Disponible en: <http://rinconliteraturainfantil.blogspot.com/2009/07/el-cocuyo-y-la-mora.html>. Acceso: el 15 de febrero de 2012.

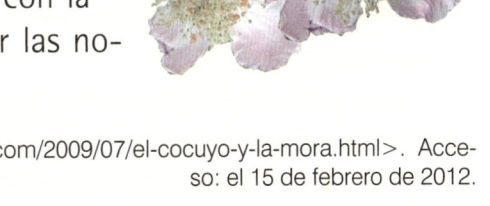

Explorando el texto

En parejas.

1. El relato *El cocuyo y la mora* es una leyenda. ¿Qué es una leyenda?

2. ¿Cuáles son los elementos fabulosos (de "fábula") de este relato que lo convierten en leyenda?

3. ¿Qué lección se puede aprender de la historia del cocuyo y de la mora?

4. ¿Por qué en la ficha catastral no aparece el nombre del autor del relato?

5. En grupos, representen teatralmente esta leyenda o nárrenla como si fuera una leyenda contada en la radio. No se olviden de la pronunciación ni de designar cada personaje a una persona distinta.

Produciendo un texto propio

1. En un *blog*, hay siempre comentarios de otras personas sobre los textos que son colgados. Por ejemplo:

> Ra Sol dijo...
> Es un excelente cuento, con un gran mensaje y una forma muy poética de explicar el origen de la luz y que cada cosa cambia con el tiempo. Un rechazo hoy puede ser un pedido mañana.
> Rafael D -3 de mayo de 2011 15:15

2. Escriban un comentario sobre la leyenda que acaban de leer o anoten la dirección de la página donde lo han hecho y envíenselo a Lila, la chica que colgó la leyenda en <http://rinconliteraturainfantil.blogspot.com/2009/07/el-cocuyo-y-la-mora.html>.

En parejas.

1. Encuentren en el texto la respuesta que exprese el cambio de las cosas.

   a) ¿Cómo era la mora cuando la conoció el cocuyo?

   b) ¿Cómo estaba la mora cuando la reencontró el cocuyo?

   c) ¿Cómo se sintió el cocuyo cuando la mora le pidió que se casase con ella?

   d) ¿Cómo se puso el cocuyo cuando la mora rechazó su pedido de casamiento?

2. Examinen y discutan la diferencia entre:

   > "está" x "estaba",
   > "estás" x "estabas",
   > "están" x "estaban",
   > "estoy" x "estaba",
   > "estamos" x "estábamos"

   Ahora completen los espacios en las frases que siguen.

   a) "_____ muy vieja, mora. No me gustas." Dijo molesto el cocuyo.

b) "¡Qué buenamoza _____, mora!" Exclamó el cocuyo.

c) El cocuyo y la mora _____ platicando cuando los dos vieron la hoguera.

d) _____ leyendo el cuento del cocuyo cuando acabó la clase.

e) _____ muy triste contigo, cocuyo. Se lamentó la mora.

3. Según la leyenda del cocuyo y la mora, ¿qué pasó antes y después de conocerse? Completen las frases con las expresiones: antes de, después de, luego (= después).

a) _____ conocer al cocuyo, la mora se enamoró de él.

b) _____ lanzarse a la hoguera, el cocuyo no era negro.

c) _____, el cocuyo siguió su viaje a la casa de sus tíos.

d) _____ lanzarse a la hoguera, al cocuyo no se le apagó más la chispita.

e) _____ lo que le pasó al cocuyo, todos los cocuyos pasaron a tener una luz intermitente y a rondar las moras.

4. Observen el estado de ánimo de Gaturro a lo largo de la semana.

Gaturro, Nik © 2008 Nik/Dist. by Universal Uclick.

5. Relacionen la primera columna con la segunda según los cambios que se van produciendo en Gaturro día a día.

a) Está súper desanimado.
b) Está súper eufórico.
c) Empieza a reaccionar lentamente ante la semana.
d) Empieza a desinflarse.
e) Empieza a animarse.
f) Se reanima un poquito y sus bigotes empiezan a levantarse.
g) Se da cuenta de que está en vísperas del fin de semana.

( ) Domingo.
( ) Lunes.
( ) Martes.
( ) Miércoles.
( ) Jueves.
( ) Viernes.
( ) Sábado.

6. Discutan entre ustedes qué colores le asignarían al:

a) lunes: _____ ;
b) martes: _____ ;
c) miércoles: _____ ;
d) jueves: _____ ;
e) viernes: _____ ;
f) sábado: _____ ;
g) domingo: _____ .

7. Acertijos

a) Juancito caza "bichos".

Juancito juntó arañas y escarabajos, en total 8, y los guardó en una caja. Entre los 8 animales sumaron 54 patas. ¿Cuántas arañas y cuántos escarabajos hay en la caja?

<http://www.educar.org/comun/actividadeseducativas/matematicas/Acertijos>. Acceso: el 28 de agosto de 2011.

b) Los camellos: dos beduinos se encuentran en el desierto, se saludan y entablan la siguiente conversación:

– Si me regalas un camello tendré el doble que tú. El otro le contesta:

– Regálame tú uno a mí y así tendremos los dos el mismo número de camellos.

¿Cuántos camellos tiene cada beduino?

<http://acertijos.elhuevodechocolate.com/de13a99/acertijo6.htm>. Acceso: el 15 de febrero de 2012.

Produciendo un texto propio

En equipos de 3 ó 4 compañeros.

1. Elaboren un texto biográfico, para presentarlo en el mural de su clase, siguiendo las instrucciones:

   a) Elijan la personalidad cuya vida será relatada.

   b) Averigüen sus datos biográficos y seleccionen las informaciones más relevantes.

   c) Decidan si lo escribirán en prosa o en poesía.

   d) Incluyan ilustraciones, fotos, gráficos, etc.

   e) Antes de la exposición, presenten su texto a toda clase y hagan las alteraciones necesarias con la ayuda de su profesor y compañeros.

> **1.** En esta unidad hay tres textos distintos que puedes usar como referencia: la biografía de Frida Kahlo, escrita por Kathy García-Sjogrim, la autobiografía de Patativa do Assaré y la leyenda del cocuyo y la mora. En todos ellos, se respeta el orden temporal (cronológico) en que ocurren los eventos. **2.** También existe una secuencia en la presentación de las informaciones: una introducción, la exposición de las informaciones/datos y conclusión.

Puerta de salida

¿A qué son listos, muy listos, y saben ordenar debidamente los cuadritos de la historieta 1 para que tengan sentido?

Historieta 1

Respuestas: Historieta 1: cuadrito 2, cuadrito 5, cuadrito 3, cuadrito 1 y cuadrito 4.

Viva, la revista de Clarín, 02 de julio de 2000.

¡Enhorabuena por las tareas cumplidas!

unidad 2

Conciencia social

Estereotipos, prejuicio racial y marginación social

Objetivo:
Reelaborar un relato corto sobre un caso de esclavitud moderna.

Calentando el motor

Observa la imagen y contesta las preguntas:

1. ¿Cómo reaccionan los padres cuando su hijo les presenta a su novia?
   _____

2. ¿Por qué se sienten raros?
   _____
   _____

3. ¿Cuál es la diferencia de punto de vista entre la generación de antes y la de ahora?
   _____
   _____
   _____

Puerta de acceso

Texto A

Estereotipos

Por Odette Chahín

Cuando estaba estudiando en Nueva York, más de una vez se me acercaron mis compañeros de clase, e incluso mi profesor, a preguntarme si todas las colombianas sabían cantar Shakira, pues ellos no conocen nada más.

Los humanos somos flojos para muchas cosas, pero no para elaborar a priori acerca de todo y de todos. Cuando vemos a una rubia, asumimos por descontado que es hueca y bruta. Si una mujer usa escote, enseguida la miran con malicia, y cuando vemos a un tipo de cabeza rapada, lleno de tatuajes caminando cerca, nuestro instinto es agarrar la cartera y echarnos la bendición, pensando que es un atracador, cuando hay más atracadores de saco y corbata. Nos limitamos a ver lo obvio y no a ver más allá. Los estereotipos nacen de la ignorancia y de caricaturas mal recortadas que nos presentan los medios masivos, y tienen la característica de propagarse más rápido que un virus.

Por descontado: de antemano;
Hueca: tonta;
Bruta: tonta, simple.

Disponible en: <http://www.revistafucsia.com/edicion-impresa/articulo/estereotipos-cliches/8640>. (Texto adaptado). Acceso: el 30 de agosto de 2011.

1. ¿De dónde es y dónde estaba la autora del texto cuando lo escribió?

_____

2. ¿Por qué sus compañeros de clase le pedían que cantase?

_____
_____

3. Sobre los estereotipos de que trata el texto, es correcto afirmar:

a) Es una característica de los países hispanoamericanos.

b) Las rubias son buenas cantantes.

c) Cuando vemos a un tipo lleno de tatuajes, pensamos inmediatamente que es un ladrón.

d) Es común considerar a las mujeres que usan escote como menos recatadas.

e) Los medios masivos hacen caricaturas que rápidamente se transforman en estereotipos.

Explorando el texto

1. ¿Qué estereotipo representa la ilustración del texto?

_____
_____
_____

2. ¿Qué características humanas critica Odette Chahín en este texto?

_____
_____
_____

3. ¿Está de acuerdo Odette Chahin con el estereotipo nacional basado en Shakira?

_____
_____
_____

Texto B

Los prejuicios sociales

1. Se denomina prejuicios a ciertas concepciones que se forman las personas respecto de otros seres humanos o de sus acciones, en forma anticipada y arbitraria, es decir, se trata de ideas fundamentadas en opiniones que no se examinan ni se busca verificarlas, sino que se aceptan irreflexivamente.

2. De esta manera, los prejuicios nos impiden conocer a nuestros semejantes tal como son. El racismo, el sexismo y la xenofobia son actitudes prejuiciosas porque inducen a los miembros de un grupo a considerar inferior a otra persona por el solo hecho de pertenecer a un grupo determinado, sin tener en cuenta ningún dato objetivo.

3. Algunas veces, los prejuicios de una sociedad se expresan de una manera aparentemente inocente y no explícitamente agresiva: por ejemplo, los sobrenombres que se atribuyen a algunas personas –"petiso", "gorda" – y los chistes que aluden a distintas comunidades o etnias – de "gallegos", de judíos, de negros. Lejos de ser sólo bromas, constituyen elementos irracionales que pueden atentar contra los valores democráticos y la igualdad de derechos de todas las personas.

4. Los sentimientos de desprecio o de aversión hacia determinadas personas o grupos incentivados por los prejuicios pueden llevar a que se hable mal de ellos, a que se evite el contacto, a atacarlos físicamente o – llegado a un extremo – a proponer su exterminio. Tomar conciencia de esto equivale a empezar a trabajar para eliminar los prejuicios, evitando las ideas y las acciones discriminatorias que se sustentan en ellos.

5. Ejemplo de discriminación por prejuicios:

   Un ejemplo típico de prejuicios fue cuando Susan Boyle se presentó en el concurso de Talentos Británicos y antes de escucharla cantar fue duramente criticada por la prensa, la producción del programa, los jueces y el público en general.

Susan Boyle.

Pero luego de que cantara y emocionara al mundo, nos dio a todos una lección de vida y nuevamente confirmarnos que no debemos prejuzgar a la gente por su aspecto físico, su condición social, su sexo, su religión o lo que sea, porque nos perdemos de encontrarnos con los verdaderos talentos, cualidad y aptitudes que hacen verdaderamente a una persona.

Disponible en:<http://www.portalplanetasedna.com.ar/prejuicios_sociales.htm>.
Acceso: el 15 de febrero de 2012.

1. Lean todo el texto y subrayen, en él, las partes donde aparezcan las palabras listadas a seguir. Después, con la ayuda de un buen diccionario expliquen y anoten sus significados.

    a) concepciones: _____
    b) (en forma) arbitraria: _____
    c) irreflexivamente: _____
    d) racismo: _____
    e) sexismo: _____
    f) xenofobia: _____
    g) explícitamente (agresiva): _____
    h) chistes: _____
    i) bromas: _____
    j) (elementos) irracionales: _____
    k) atentar contra: _____
    l) exterminio: _____

2. Relean el texto y señalen la(s) alternativa(s) correcta(s):

    a) Hay distintos tipos de discriminación: por raza, por sexo, por condición social, por religión, etc.
    b) Los prejuicios no atienden a la razón.
    c) Los prejuicios raciales son típicos de determinados pueblos, como los judíos o los gallegos.
    d) El que discrimine a un extranjero sin ningún fundamento objetivo es un xenófobo.

e) Ciertos sobrenombres como "petiso" o "gorda" no se consideran ejemplos de prejuicio, sino de bromas.

f) Las bromas y los chistes que se hacen de algunos pueblos se consideran prejuiciosos.

g) A pesar del prejuicio social, Susan Boyle consiguió demostrar su talento artístico.

h) Tomar conciencia de los prejuicios es el primer paso para evitarlos.

3. Considerando el texto B, ¿por qué los estereotipos se consideran prejuiciosos?

_____

4. Según el texto, ¿por qué los prejuicios atentan contra los valores democráticos?

_____

5. Hay varias formas de prejuicio lingüístico, desde las palabrotas que espantan a ciertas personas, hasta las variaciones regionales o sociales. Estas últimas marcan a su usuario, porque puede sentirse distinto a los demás. En portugués de Brasil es el caso, por ejemplo, del niño que usa "eu ponhei", y que acaba siendo víctima de burla.

6. Lee el texto siguiente y reescribe el habla de cada uno de los niños de un pueblo de Andalucía de acuerdo a la norma culta.

Ateridos = En portugués, "paralizados".
Cojo = En portugués, "rengo".

Juegos del anochecer

Cuando, en el crepúsculo del pueblo, Platero y yo entramos, ateridos, por la oscuridad morada de la calleja miserable que da al río seco, los niños pobres juegan a asustarse, fingiéndose mendigos. Uno se echa un saco a la cabeza, otro dice que no ve, otro se hace el cojo.

Después, en ese brusco cambiar de la infancia, como llevan unos zapatos y un vestido, y como sus madres, ellas sabrán cómo, les han dado de comer, se creen unos príncipes.

– Mi pare tié un reló e plata.

– Y er mío, un cabayo.

– Y er mío, una ejcopeta.

[...]

RAMÓN JIMÉNEZ, Juan. **Platero y yo**. Buenos Aires: Longseller, 2008.

7. Lee en voz alta las frases como las dijeron los niños andaluces y cómo serían de acuerdo a la norma culta peninsular.

Produciendo un texto propio

Norma culta peninsular se refiere a la norma culta utilizada en España.

En grupos de 4 ó 5 compañeros.

1. Organicen una mini exposición sobre los prejuicios sociales en una cartulina, teniendo en cuenta:

1.1. La definición de prejuicios sociales y/o de estereotipos.

Otro tipo de prejuicio es el lingüístico, como en el caso de personas de determinadas regiones que pronuncian de forma distinta de lo que prescribe la gramática normativa.

1.2. Varias escenas o casos de discriminación social, racial, sexual, religiosa, etc., con explicaciones objetivas sobre: quiénes son, de dónde son, cuál es el problema.

1.3. Una frase para la campaña publicitaria en contra de los prejuicios sociales, que puede servir de título o de eslogan. Sugerencia de expresiones llamativas: ¡Basta!; ¡No al prejuicio!; ¡Somos iguales!; ¡Sí a la igualdad!

Practicando la lengua

1. Relaciona las palabras de la primera columna con sus derivados de la segunda columna.

   a) estudio   ( ) dulcemente

   b) andar   ( ) atracador

   c) fortuna   ( ) fácilmente

   d) dulce   ( ) agarrar

   e) fácil   ( ) estudiante

   f) garra   ( ) andante

   g) masa   ( ) masiva

   h) atraco   ( ) obviamente

   i) obvio   ( ) desafortunadamente

   > **Es posible** organizar familias de palabras usando las derivaciones.
   > Por ej.: de "fortuna" derivan "afortunado", "desafortunado", "afortunadamente", "infortunio".

2. Marca la forma correcta de acuerdo con el sentido de la frase:

   a) _____ (Si/ Se) una mujer usa escote la miran mal.

   b) Los estereotipos _____ (si/ se) propagan más rápidos que un virus.

   c) _____ (Si/ Se) dice que Shakira vendrá a Brasil.

   d) _____ (Si/ Se) viene Shakira a Brasil, la voy a ver.

3. Discute con tu compañero(a) cuándo se usa "si" y anótalo a seguir.

   _____

4. Elabora dos frases donde aparezca "si" como indicativo de condición.

   _____

   _____

Interactuando con el texto

En parejas.

1. ¿Hay estereotipos positivos? Den algunos ejemplos.

2. ¿Listos para conocer el planeta hip-hop?

Escuchando

Pista 6

1. Escucha y corrige las palabras que fueron cambiadas en el texto:

Es mi pesadilla: un día, mi madre llega a casa acompañada por un tipo con la orejas llena de dientes de oro, un pañuelo colgado en la cabeza, los brazos reventando de músculos y una sonrisa desafiante: un rapero. Y me dice: "Papá, nos vamos a noviar." [...] Así que lamento el día en que escuché su nombre porque me doy cuenta de que el rap – una batida aparentemente sin melodía, sensibilidad, instrumentos, métrica o armonía, una música sin principal, medio o final, música que siquiera parece música – es lo que reina en el todo. Un mundo que ya no es el mío, sino suyo, y que es el lugar en el que vivo: un planeta hip-hop.

McBRIDE, James. Planeta hip-hop. In: National Geographic en español. Buenos Aires, abril de 2007, vol. 20, n.4.

2. Según el texto, la alternativa correcta es:

2.1 El hip-hop es:
a) una actitud
b) un tipo de música
c) un lugar

2.2 El papá se dio cuenta de que:
a) el mundo sigue igual al de antes
b) el mundo no es lo que él esperaba que fuese
c) él también forma parte de este mundo

2.3 La opinión del papá es la de alguien que:
a) conoce el hip-hop
b) no le gusta el hip-hop
c) está interesado en el hip-hop

3. Opinen sobre la diferencia de generaciones, enfocando las cosas que antes eran mejores y las que ahora lo son, y anótenlas en los cuadros.

Antes	Ahora

Practicando la lengua

En parejas.

1. Basándose en el texto anterior, observen la frase A) y señalen la(s) alternativa(s) correcta(s):

   A) "Un mundo que ya no es el mío, **sino** suyo."

   a) El autor indica que el mundo ha cambiado, pero él sigue en él.

   b) El autor indica que el mundo ha cambiado; por eso, reconoce que éste pertenece a otra generación.

   c) El autor indica que el mundo ha cambiado y reconoce que está fuera del mismo.

2. Observen la frase B), en la que hay un pequeño cambio, y señalen la(s) alternativa(s) correcta(s).

   B) "Un mundo que ya no es el mío, **pero** me gusta."

   a) El autor indica que el mundo ha cambiado y él lo aprecia.

   b) A pesar de que el mundo haya cambiado, al autor le sigue gustando.

   c) El autor reconoce que el mundo ha cambiado y siente que está fuera del mismo.

3. Completen los huecos del texto que sigue con "sino" o "pero".

Mari y Vanesa eran muy amigas, salían juntas los fines de semana, estudiaban juntas para los exámenes, tenían casi los mismos gustos. _____ cuando conocieron a David, empezaron a distanciarse. Ya no iban a tomar helado juntas, _____ que hacían cosas diferentes. No se consideraban enemigas, _____ rivales. Un día se encontraron casualmente a la salida del cole, _____ sólo se saludaron fríamente, porque ninguna de las dos se sentía a gusto. Además, ambas buscaban a David con los ojos, y resulta que ambas lo vieron al mismo tiempo: ¡David salía con otra chica!

Puerta de acceso

Casi triplicada la población indígena brasileña entre 1991 y 2000

Por Prensa Latina/Cuba – *Thursday, Sep. 03, 2009 at 11:03AM*

Brasilia, 2 sep (PL). La población indígena brasileña pasó de 294 mil en 1991 a 734 mil en 2000, lo que representa una tasa de crecimiento de 10,8 por ciento anual, reveló hoy un estudio del Instituto Brasileño de Geografía y Estadística (IBGE).

Esa cantidad de aborígenes constituye el 0,4 por ciento de la población brasileña, estimada en unos 190 millones de habitantes.

El IBGE atribuye ese crecimiento a las mejorías en el área de salud, al aumento de la resistencia a infecciones, la unión a instituciones de defensa de los derechos de esos pueblos, pero sobre todo a los cambios en el criterio de autoidentificación en los censos, ya que en los antiguos se declaraban como pardos.

Según el reporte de la entidad oficial, la región norte del país acoge a la mayor parte de la población indígena, pues allí reside el 29,1 por ciento del total, aunque el número de aborígenes descendió en comparación con registros anteriores.

Crianças da etnia Yanomami brincando. Comunidade Toototobí. Barcelos (AM), 2010.

Por el contrario, la cifra de indígenas creció en la región Sudeste, al pasar de 30.500 en 1991 a 156.000 en 2000, mientras en la Nordeste, aumentó de 55.000 a 166.000 entre los dos años mencionados.

Entre las deficiencias, el IBGE sostiene que la escolarización de este grupo poblacional aún es muy baja, aunque se elevó un poco entre los dos censos mencionados, porque la media de escolaridad de los individuos mayores de 10 años era de 2 grados y en 2000 llegó a 3,9 grados.

Disponible en: <http://argentina.indymedia.org/print.php?id=690352>. Acceso: el 15 de febrero de 2012.

1. Según el IBGE, ¿cuál sería la principal causa del aumento de la población indígena en Brasil?

2. En el tercer párrafo, ¿a qué se refiere "la entidad oficial"?

3. ¿En qué región de Brasil creció más la población indígena?

4. ¿En qué zona de Brasil vive la mayor parte de la población indígena?

5. A pesar de haber algunos cambios positivos observados en la comunidad indígena, como la práctica de buscar apoyo en las instituciones de defensa de los derechos indígenas, ¿qué aspecto social sigue siendo muy preocupante?

Explorando el texto

1. ¿De dónde sacó el autor del texto las informaciones sobre los indígenas brasileños que expone en el sitio <www.prensa-latina.cu>?

2. ¿En qué datos se basó la página argentina para informar sobre la población indígena brasileña?

3. Si en el norte de Brasil, vive el 29,1 por ciento del total de indígenas, ¿cuántos individuos residen en esa región?

4. Según la forma de hacer el censo anterior al año 2000, ¿quiénes integraban el grupo de los pardos?

Practicando la lengua

En parejas.

1. En los reportes (o informes), es común usar siglas como, por ejemplo, IBGE. ¿Qué significa "PL" en este contexto?

2. En un texto informativo y técnico, es común usar palabras en inglés, considerada la lengua global. ¿Qué significa "Thursday"?

3. Teniendo en cuenta el contexto, las palabras abreviadas de "Sep. 03" y "2 sep" pertenecen a la misma lengua?

4. En textos técnicos y/u oficiales, es común indicar la hora seguida de la sigla AM o PM. ¿Qué significan estas siglas?

5. En español, los números no se separan con "y", excepto entre las decenas y unidades entre los números treinta y uno y noventa y nueve. Por ej.: "cincuenta y dos", "treinta y nueve", "setenta y siete". PERO cuidado al escribir "ciento cincuenta y dos", "trescientos cuatro" o "mil ochocientos noventa y nueve". Con la ayuda de un diccionario y del(la) profesor(a) escriban por extenso los siguientes números:

   a) 30 542:

   b) 55 101:

   c) 294 777:

   d) 734 821:

   e) 190 022 044:

Interactuando con el texto

Dança Auguhi com homens (preparação do Kuarup – Egitsü). Tribo Indígena Kalapalo – Aldeia Aiha, Parque Indígena do Xingu (MT), 2011.

Sitio electrónico para consultar: <http://es.wikipedia.org/wiki/Pueblos_ind%C3%ADgenas_de_Brasil>.

En equipos de 3 ó 4 compañeros.

1. Organicen una ficha con los siguientes datos:

   a) En este reporte, no se mencionan las regiones centro-oeste y sur. Averigüen cuántos indígenas viven en esas dos áreas.

   b) En este reporte, se trata a los indígenas brasileños como un gran grupo. ¿Cuántos grupos se conocen? Mencionen por lo menos 10 comunidades distintas con sus respectivas lenguas.

   c) ¿Se han integrado a la comunidad dominante o mantienen su propio espacio cultural? Destaquen algunos problemas de prejuicios sociales y/o raciales.

2. Intercambien los resultados oralmente, compárenlos y complétenlos.

3. Transcriban las respuestas anteriores, en el espacio correspondiente.

_____

_____

_____

_____

_____

4. Lean el siguiente texto:

Situación actual de los pueblos indígenas brasileños

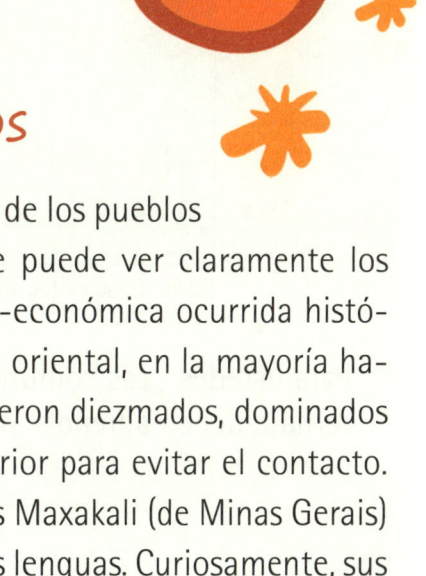

Cuando se observa el mapa de distribución de los pueblos indígenas en el territorio brasileño actual, se puede ver claramente los reflejos del movimiento de expansión político-económica ocurrida históricamente. Los pueblos que habitaban la costa oriental, en la mayoría hablantes de lenguas del tronco tupí-guaraní, fueron diezmados, dominados u obligados a refugiarse en las tierras del interior para evitar el contacto. Hoy, solamente los Fulnió (de Pernambuco), los Maxakali (de Minas Gerais) y los Xokleng (de Santa Catarina) conservan sus lenguas. Curiosamente, sus lenguas no son tupí, sino pertenecientes a tres familias diferentes ligadas al tronco Macro-Gê. Los guaraníes, que viven en diversos estados del Sur y Sudeste del país perdieron sus lenguas y sólo hablan portugués, manteniendo únicamente y en algunos casos, palabras aisladas que utilizan en rituales y otras expresiones culturales. La mayor parte de las sociedades indígenas que consiguieron preservar sus idiomas vive actualmente en el Norte y Centro-Oeste de Brasil.

(Texto parcial). Disponible en: <http://es.wikipedia.org/wiki/Pueblos_ind%C3%ADgenas_de_Brasil>.
Acceso: el 15 de febrero de 2012.

5. En el mapa que sigue, indiquen las regiones donde, según el texto se mantiene la lengua indígena nativa.

Brasil – División Regional y Política

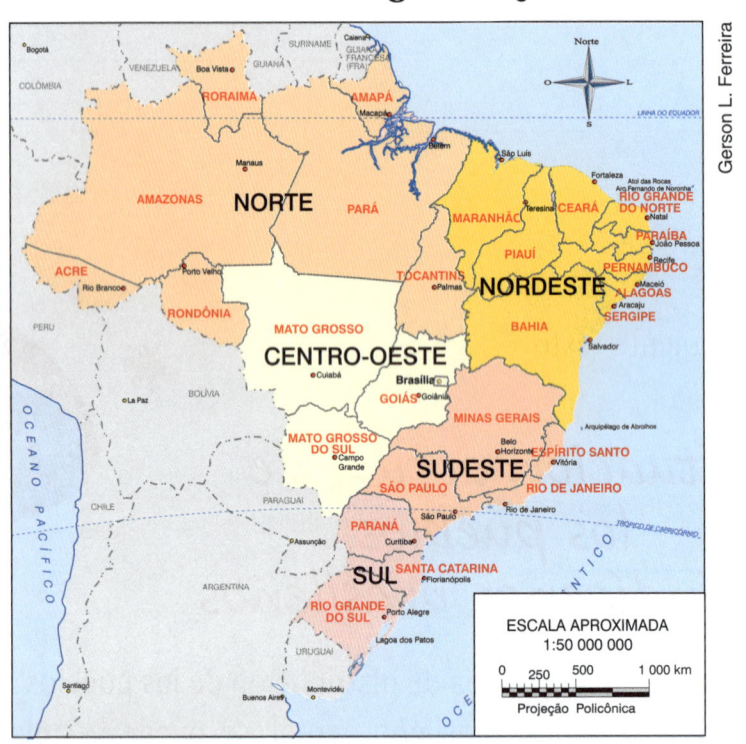

Fonte: Base cartográfica adaptada do Atlas Geográfico Escolar IBGE, 2002.

6. Para ustedes, ¿Las comunidades indígenas deben mantener su lengua materna o deben aprender obligatoriamente el portugués? Justifiquen su respuesta.

___

7. Con ayuda de su profesor(a) de Historia, anoten de 3 a 5 topónimos (nombres de lugares) de origen indígena y su significado.

___

Escuchando

Pista 7

Van a escuchar un trecho de la carta que escribió el jefe Seattle de la tribu Swamish al presidente de los EE.UU. (Franklin Pierce) en 1854, cuando éste le propuso comprar sus tierras. Luego contesta a las preguntas:

1. ¿Los indios quieren vender sus tierras?
   _____

2. ¿Cuáles son las cosas que más valora el indio?
   _____

3. ¿Por qué valora tanto sus tierras?
   _____
   _____

4. Relaciona estos elementos de la naturaleza con los significados para el indio:
   a) el agua   ( ) los hermanos
   b) los animales   ( ) la voz de los antepasados
   c) el murmullo del agua   ( ) la sangre de los antepasados

5. ¿Por qué las ciudades blancas le dan pena al jefe indígena?
   _____
   _____

Acompaña la lectura escuchando nuevamente el audio y responde las preguntas.

I

El Gran Jefe de Washington envió palabra de que desea comprar nuestra tierra. El Gran Jefe nos envía también palabras de amistad y buena voluntad. Apreciamos mucho esta delicadeza porque sabemos la poca falta que le hace nuestra amistad. Vamos a considerar su oferta, pues sabemos que, de no hacerlo, el hombre blanco vendrá con sus armas de fuego y tomará nuestras tierras.

II

¿Cómo se puede comprar o vender el cielo o el calor de la tierra? Esta idea nos parece extraña. Si no somos dueños de la frescura del aire, ni del brillo del agua, ¿cómo podrán ustedes comprarlos? Cada pedazo de esta tierra es sagrado para mi pueblo, cada aguja brillante de pino, cada grano de arena de las riberas de los ríos, cada gota de rocío entre las sombras de los bosques, cada claro en la arboleda y el zumbido de cada insecto son sagrados en la memoria y tradiciones de mi pueblo. La savia que recorre el cuerpo de los árboles lleva consigo los recuerdos del hombre piel roja.

III

Los muertos del hombre blanco olvidan la tierra donde nacieron cuando emprenden su paseo por entre las estrellas, en cambio nuestros muertos, nunca pueden olvidar esta bondadosa tierra, pues ella es la madre del hombre piel roja. Somos parte de la tierra y ella es parte de nosotros. Las flores perfumadas son nuestras hermanas, el venado, el caballo, el gran águila, todos son nuestros hermanos. Las escarpadas montañas, los húmedos prados, el calor de la piel del potro y el hombre, todos pertenecemos a la misma familia. Esta agua cristalina que escurre por los riachuelos y corre por los ríos no es solamente agua, sino también la sangre de nuestros antepasados. Si les vendemos la tierra, ustedes deberán recordar que ella es sagrada, y deberán enseñar a sus hijos que ella es sagrada y que los reflejos misteriosos sobre las aguas claras de los lagos hablan de acontecimientos y recuerdos de la vida de mi pueblo. El murmullo del agua de los ríos es la voz del padre de mi padre. Los ríos son nuestros hermanos, ellos calman nuestra sed. Los ríos llevan a nuestras canoas y nos dan peces para alimentar a nuestros hijos. Si les vendemos nuestras tierras, ustedes deberán recordar y enseñar a sus hijos que los ríos son nuestros hermanos y también los suyos, y por tanto deberán tratar a los ríos con la misma dulzura con que se trata a un hermano. Sabemos que el hombre blanco no comprende nuestro modo de vida. Tanto le importa un trozo de nuestra tierra como otro cualquiera, pues es un extraño que llega en la noche a arrancar de la tierra aquello que necesita. Yo no entiendo, nuestro modo de vida es muy diferente al de ustedes. La sola vista de sus ciudades apena los ojos del piel roja.

Tal vez sea porque el hombre piel roja es un salvaje y no comprende nada. No existe un lugar tranquilo en las ciudades del hombre blanco, ni hay sitio donde escuchar cómo se abren las flores de los árboles en primavera, o el movimiento de las alas de un insecto. Pero quizás también esto se deba a que soy un salvaje que no comprende bien las cosas. El ruido de las ciudades parece insultar los oídos. Y yo me pregunto, ¿qué tipo de vida tiene el hombre si no puede escuchar el canto solitario del chotacabras, ni las discusiones nocturnas de las ranas al borde de un lago? Soy un piel roja y nada entiendo. Nosotros preferimos el suave susurro del viento sobre la superficie del lago, así como el olor de ese mismo viento purificado por la lluvia del mediodía, o perfumado por la fragancia de los pinos.

Disponible en: <http://webpages.ull.es/users/aumartin/Carta%20del%20Gran%20Jefe%20Seattle.pdf>. Acceso: el 15 febrero de 2012.

6. Al final el jefe indígena hace una comparación entre lo que prefieren los blancos y lo que prefieren los pieles rojas. Explica qué prefiere cada uno.

7. ¿Por qué el jefe indígena se refiere a los pieles rojas como "salvajes"?

Día de la CONCIENCIA NEGRA

En San Telmo y sus alrededores n. 73
Noviembre 2004

En San Telmo, barrio con tradición de candombe, murga y carnaval, que forma parte del casco histórico de la ciudad de Buenos Aires, en el pintoresco Pasaje San Lorenzo, – lugar en que se encuentra la Casa Mínima, donde consiguió la libertad uno de los primeros esclavos libertos – se conmemoró el Día de la Conciencia Negra.

"Los que no están al tanto, les queremos decir el por qué de esta actividad. Hoy se cumple un nuevo aniversario de la caída de un mártir brasileño, Zumbí de Palmares, que luchó contra la esclavitud y fue brutalmente asesinado el 20 de noviembre de 1695. La historia de dicho día es una razón inicial para la conciencia general, la interacción y la propuesta, y acá acompañamos la causa de los afrobrasileños", señaló un representante de Terrero Mandinga de Angola.

[...]

"En Plaza Italia llama la atención un monumento a Falucho, un soldado negro que luchó en las guerras de la independencia, porque en Argentina casi no se habla de los negros. Empezamos a conmemorar este día hace 3 años, a tratar de estudiar y a hacer un intercambio con otras comunidades, con negros de otros lugares y a profundizar un poco más en la historia, ésa es nuestra propuesta. Los dos primeros años hicimos un homenaje a Zumbí en el monumento a Falucho. El año pasado hicimos una ronda de capoeira y también tratamos de charlar un poquito de la historia, porque cuando hubo esclavitud y opresión, también hubo resistencia y lucha para revertir eso", señaló uno de los organizadores.

> Murga: compañía de músicos y actores que actúan en el carnaval rioplatense
>
> Casco histórico: el área más antigua. En el caso de América Latina, en general es la parte donde se concentran construcciones de la época colonial.

Disponible en: <http://ensantelmo.com/Sociedad/Participacion/Eventos/conci_negra.htm>. Acceso: el 15 de febrero de 2012.

1. En Buenos Aires, ¿por qué se conmemora el día de la Conciencia Negra en la Casa Mínima?

2. ¿Cómo ven los afroargentinos a Zumbí, un mártir brasileño?

3. En el contexto argentino, ¿por qué es importante el monumento a Falucho?

4. Según el texto, es correcto afirmar:
   a) Es reciente la iniciativa de rescatar la historia de la contribución de los esclavos africanos al desarrollo de Argentina.
   b) Zumbí de Palmares es homenajeado porque representa la resistencia y la lucha por la libertad.
   c) El día de la conciencia negra se celebra en el barrio San Telmo porque es tradicional y pintoresco.
   d) El objetivo de la celebración del día de la conciencia negra es enseñar a bailar capoeira a los argentinos.
   e) El representante de Terrero Mandinga de Angola propone un acto de solidaridad con los afrobrasileños.

PARREIRAS, Antonio. **Zumbi**. 1927. Óleo sobre tela, 115,5 cm x 87,4 cm. Museu Antônio Parreiras, Niterói (Rio de Janeiro).

Interactuando con el texto

En grupos de 3 ó 4 compañeros.

1. Lean el siguiente fragmento, expuesto por Alejandro Frigerio en el evento del Día de la Conciencia Negra en el Galpón del Movimiento Afrocultural (Argentina), el 25 de noviembre de 2007.

> *Cuando alguien empieza a practicar alguna forma de cultura negra, lo quiera o no, está participando de un proceso de más de cuatrocientos años de esclavización, opresión y despojo cultural de una raza por otra. Si uno participa con respeto y ayuda a ubicar a la cultura negra, con sus características específicas y sin olvidar sus orígenes, en el lugar que se merece en el patrimonio de la humanidad, está ayudando, mínimamente, a reparar cientos de años de injusticia.*
>
> Disponible en: <http://www.revistaquilombo.com.ar/revistas/30/q30.htm>. Acceso: el 15 de febrero de 2012.

2. Discutan y anoten qué entienden por:

   a) "despojo cultural de una raza por otra"

   _____
   _____
   _____
   _____

   b) "ubicar a la cultura negra en el lugar que se merece en el patrimonio de la humanidad"

   _____
   _____
   _____
   _____
   _____

c) "a reparar cientos de años de injusticia"

_____
_____
_____

3. Comparen sus respuestas con las de sus compañeros y cuando estén todos de acuerdo, busquen y discutan algunos casos de prejuicio racial contra los afrodescendientes.

4. ¿Y los indígenas? ¿Cuándo es el día del indio en Brasil?

_____

5. ¿Qué proyectos de rescate de la dignidad y de valorización de la cultura aborigen existen en Brasil o en tu región?

6. Anoten los resultados de su búsqueda en una ficha y preséntenlos oralmente en clase.

7. Averigüen cuáles son las contribuciones indígenas y afrobrasileñas a la cultura de Brasil (comida, leyendas, costumbres, nombres de personas y lugares, arte, ciencias) y organicen un cartel para exponerlo en el mural de su escuela.

> La búsqueda puede reducirse a una determinada personalidad. Por ej: Machado de Assis (escritor), Chiquinha Gonzaga (compositora), Antonio Castro Alves (poeta), Milton Nascimento (compositor y cantante), Raoní (cacique y político).

Escuchando

Pista 8

1. En primer lugar, escuchen dos veces la introducción de un informe elaborado por la Organización Internacional del Trabajo (OIT), en el cual se relata un ejemplo de trabajo forzoso, como es el caso de Natanael Pereira Laurentino. Luego, apunten las informaciones que te parezcan importantes

2. Comparen sus respectivas respuestas en grupos de 3 ó 4 compañeros.

3. Ahora, comparen lo que cada uno(a) ha entendido del audio y subrayen las alternativas correctas:

   a) 120 años después de la abolición de la esclavitud todavía hay un tipo de trabajo esclavo en Brasil.

b) El trabajo forzoso se debe a que en las regiones agrícolas del norte de Brasil falta mano de obra.

c) En general, no se descubren los casos de trabajo forzoso debido a las grandes distancias.

d) Poco a poco el gobierno de Brasil, ayudado por la OIT y por los empleadores, está consiguiendo acabar con el trabajo forzoso.

4. Escuchen nuevamente este audio y corrijan las respuestas anteriores.

Trabajo forzoso en Brasil: 120 años después de la abolición de la esclavitud, la lucha continúa.

El 13 de mayo de 1888, Brasil fue el último país del Hemisferio Occidental en abolir la esclavitud. Ciento veinte años después, se calcula que entre 25.000 y 40.000 trabajadores aún son víctimas de condiciones análogas a la esclavitud en este país sudamericano. En las regiones agrícolas del norte, el problema es particularmente grave debido a la pobreza y a las grandes distancias que hacen muy difícil detectar las violaciones. Sin embargo, con la orientación de la OIT y la ayuda de los empleadores, el gobierno de Brasil está logrando cambiar gradualmente esta situación. OIT EnLínea informa desde Brasil.

MARANHAO (OIT EnLínea) – Natanael Pereira Laurentino, un trabajador rural de 29 años del estado de Maranhao, en el norte de Brasil, no tenía trabajo y vivía con su padre. Un día, escuchó en la radio un anuncio que ofrecía trabajo en el estado vecino de Piauí.

Cansado de ser una carga económica para su padre, hizo la solicitud para el trabajo y lo contrataron. Pocos días después se subió a un autobús junto a otros trabajadores. Al final del viaje esperaban encontrar un trabajo decente.

"Los problemas comenzaron enseguida. Nos demoramos tres días en llegar a la finca, que estaba a cien kilómetros del pueblo más cercano. Teníamos muy poca comida y tuvimos que dormir en la carretera", recuerda Natanael.

Apenas llegaron, los empleadores les pidieron las tarjetas de empleo (un documento que todos los trabajadores de Brasil tienen que presentar a su nuevo empleo) y escribieron "cancelada" en todas las tarjetas.

A Natanael le asignaron la tarea de despejar los campos con una motosierra sin ningún equipo de protección personal. Cuando preguntó por su salario, le contestaron "más tarde".

La historia de Natanael no es la única. Se calcula que entre 25.000 y 40.000 trabajadores pobres continúan siendo víctimas de trabajo forzoso o esclavo en Brasil. Los estados agrícolas como Piauí, Maranhao, Pará y Mato Grosso, son los más problemáticos.

Después de dos meses de trabajo duro y ningún salario, Natanael y otros dos trabajadores dejaron de trabajar. El hombre que los había contratado, el "gato", un término utilizado en Brasil para designar a las personas que se mueven de manera misteriosa, los llevó al pueblo más cercano y les dijo que esperasen mientras él buscaba el dinero. No vieron al "gato" nunca más.

Natanael tuvo suerte. Otros trabajadores no pueden irse, y si lo logran, algunas veces caen en la trampa de otros "gatos", puesto que no tienen un centavo en el bolsillo y están a cientos de kilómetros de sus hogares.

Pero Brasil enfrenta este problema con mucha seriedad, y otros países de América Latina como Bolivia, Perú y Paraguay siguen su ejemplo con la determinación de terminar con este flagelo.

Disponible en: <http://www.ilo.org/global/about-the-ilo/press-and-media-centre/insight/WCMS_092667/lang--es/index.htm>. Acceso: el 16 de febrero de 2012.

4. ¿Hay palabras que no entendiste? Intenta entender su significado, con la ayuda de tu profesor(a), por el contexto en que se usan.

5. Reordenen la historia de Natanael Pereira Laurentino, relacionando la primera columna con la segunda.

Primera columna

(1) ¿Cómo empieza la historia? ¿Quién es Natanael P. Laurentino?

(2) ¿Cómo consiguió el contrato de trabajo en otra región?, Esperanza de un buen trabajo.

(3) ¿Cómo fue el viaje hasta llegar al lugar del trabajo?

(4) ¿Qué hicieron los empleadores con su tarjeta de empleo = En portugués, "carteira de trabalho"?

(5) La tarea que le tocó a Natanael.

(6) Cómo un "gato" llevó a Natanael y a sus compañeros a un pueblo para recibir la paga y fueron engañados.

(7) Cómo acaba el relato: la existencia de otros casos semejantes al de Natanael.

Segunda columna

( ) Cansado de ser una carga económica para su padre, hizo la solicitud para el trabajo y lo contrataron. Pocos días después se subió a un autobús junto a otros trabajadores. Al final del viaje esperaban encontrar un trabajo decente.

( ) A Natanael le asignaron la tarea de despejar los campos con una motosierra sin ningún equipo de protección personal. Cuando preguntó por su salario, le contestaron "más tarde".

( ) Natanael tuvo suerte. Otros trabajadores no pueden irse, y si lo logran, algunas veces caen en la trampa de otros "gatos", puesto que no tienen un centavo en el bolsillo y están a cientos de kilómetros de sus hogares.

( ) "Los problemas comenzaron enseguida. Nos demoramos tres días en llegar a la finca, que estaba a cien kilómetros del pueblo más cercano. Teníamos muy poca comida y tuvimos que dormir en la carretera", recuerda Natanael.

( ) Después de dos meses de trabajo duro y ningún salario, Natanael y otros dos trabajadores dejaron de trabajar. El hombre que los había contratado, el "gato", un término utilizado en Brasil para designar a las personas que se mueven de manera misteriosa, los llevó al pueblo más cercano y les dijo que esperaran mientras él buscaba el dinero. No vieron al "gato" nunca más.

( ) [...] Natanael Pereira Laurentino, un trabajador rural de 29 años del estado de Maranhao, en el norte de Brasil, no tenía trabajo y vivía con su padre. Un día escuchó en la radio un anuncio que ofrecía trabajo en el estado vecino de Piauí.

( ) Apenas llegaron, los empleadores les pidieron las tarjetas de empleo (un documento que todos los trabajadores de Brasil tienen que presentar a su nuevo empleo) y escribieron "cancelada" en todas las tarjetas.

Punto de apoyo

Fíjate en los verbos terminados en "ar" que encuentres en el texto en **Pretérito Imperfecto** y llena la tabla con la ayuda de tu profesor(a).

	D**ar**	Est**ar**	Busc**ar**	And**ar**	Esper**ar**
Yo	D**aba**				
Tú		Est**abas**			
Él/Ella/Usted			Busc**aba**		
Nosotros				And**ábamos**	
Ellos/Ellas/Ustedes					Esper**aban**

Haz lo mismo con los verbos que encuentres terminados en "er" y en "ir".

	Ten**er**	Ofrec**er**	Viv**ir**	Ca**er**	Hac**er**
Yo	Ten**ía**				
Tú		Ofrec**ías**			
Él/Ella/Usted			Viv**ía**		
Nosotros				Ca**íamos**	
Ellos/Ellas/Ustedes					Hac**ían**

Los únicos verbos irregulares en **Pretérito Imperfecto**:

	Ir	Ser	Ver
Yo	Iba	Era	Veía
Tú	Ibas	Eras	Veías
Él/Ella/Usted	Iba	Era	Veía
Nosotros	Íbamos	Éramos	Veíamos
Ellos/Ellas/Ustedes	Iban	Eran	Veían

Practicando la lengua

En parejas.

Comparar: a) **Natanael tenía suerte.** b) **Natanael tuvo suerte.**

1. ¿Qué diferencia hay entre las siguientes frases?

> La diferencia es que en la frase:
>
> a) Natanael solía tener suerte, lo que se prolonga durante cierto tiempo en el pasado, no fue un hecho puntual.
>
> b) Natanael tuvo suerte en un momento específico del pasado que no se prolonga hasta el momento presente, fue un hecho puntual.

2. Busquen un ejemplo más en que se note la diferencia entre una acción del pasado que se prolonga durante cierto período y otra que fue puntual en el pasado:

Ejemplo:

a) Natanael era feliz en su pueblo;

b) Natanael fue feliz en su pueblo.

---

3. Examinen el sentido de cada frase y señalen la alternativa correcta:

3.1 Natanael no tenía trabajo y vivía con su padre.

a) La situación de no tener trabajo y vivir con su padre duró cierto tiempo en el pasado.

b) La situación de no tener trabajo y vivir con su padre fue un hecho puntual.

3.2 Un día Natanael escuchó en la radio una oferta de trabajo.

a) Todos los días Natanael escuchaba en la radio una oferta de trabajo.

b) En un determinado momento del pasado escuchó en la radio que había una oferta de trabajo.

3.3 Hizo la solicitud para el trabajo y lo contrataron.

a) Hacer una solicitud de trabajo y ser contratado era algo habitual en el pasado.

b) Cuando escuchó la oferta de trabajo, hizo la solicitud de trabajo y fue contratado.

4. Reescriban, en su cuaderno, la historia de Natanael con sus propias palabras.

Puerta de salida

Adivinanzas

Nicolás Guillén – Poeta afrodescendiente cubano

En los dientes, la mañana,
y a la noche en el pellejo.
¿Quién será, quién no será?
— El negro.

Con ser hembra y no ser bella,
harás lo que ella te mande.
¿Quién será, quién no será?
— El hambre.

Esclava de los esclavos,
y con los dueños, tirana.
¿Quién será, quién no será?
— La caña.

Escándalo de una mano
que nunca ignora a la otra.
¿Quién será, quién no será?
— La limosna.

Un hombre que está llorando
con la risa que aprendió.
¿Quién será, quién no será?
— Yo.

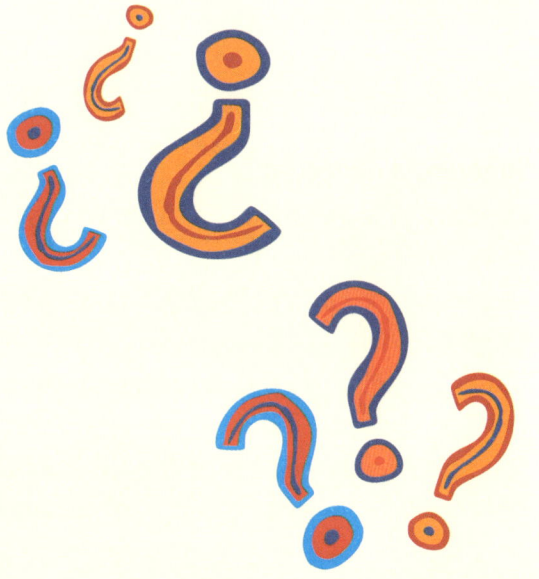

Disponible en: <http://www.los-poetas.com/c/guillen1.htm>. Acceso: el 16 de febrero de 2012.

Metáfora: "figura retórica que consiste en utilizar una palabra con el significado de otra, por la comparación que se ha estabelecido entre dos objetos semejantes o de características similares". (Diccionario Salamanca de la Lengua Española).

1. ¿A qué se refiere Nicolás Guillén cuando caracteriza al negro como "mañana" y "noche"?

   _____
   _____

2. ¿Por qué la caña es considerada esclava y tirana a la vez?

   _____
   _____
   _____

3. ¿Quién es el "yo" mencionado en la última estrofa del poema?

   _____
   _____
   _____

Sugerencia de lectura

Poema "A cruz da estrada", de Antonio Castro Alves, destacando el abandono del esclavo en la vida y en la muerte.

Disponible en: <http://blogdospoetas.com.br/poemas/a-cruz-da-estrada>. Acceso: el 16 de febrero de 2012.

Disponible en: <http://de-proposito.blogspot.com/2007/02/cruz-da-estrada.html>. Acceso: el 16 de febrero de 2012.

"Que entierren mi corazón en la curva del río de grande", de Dee Brown, sobre la conquista de los pueblos indígenas del Oeste estadounidense.

¡Chau, hasta la próxima unidad!

unidad 3

¿En qué mundo vives?

Del entorno comunitario (ciudad, campo y litoral) al universo escolar

Objetivo:
Elaborar el final de un cuento.

Calentando el motor

En equipos de 4 ó 5 compañeros.

1. Busquen fotos que muestren una zona costera (ciudad o pueblo) y una zona interior (ciudad o campo) y péguenlas en los espacios indicados a continuación.

Zona costera

a) Ciudad

b) Pueblo

> En lugar de recortar fotos de revistas, pueden sacar fotos del lugar donde viven y sus alrededores.

Zona interior

a) Ciudad

b) Campo

2. Discutan, entre los participantes del equipo, cuáles son las ventajas y las desventajas de vivir en la costa (ciudad y pueblo) o en el interior (ciudad y campo), teniendo en cuenta la situación de su región o de Brasil.

Anoten a continuación sus ideas.

Vivir	Costa		Interior	
	ciudad	pueblo	ciudad	campo
Ventajas				
Desventajas				

3. Si pudieran elegir, ¿dónde vivirían, en la ciudad, en el campo o en la costa? ¿Por qué?

_____

_____

> El equipo tiene que llegar a un acuerdo y escoger una opción.

4. Si pudiesen escoger, ¿dónde vivirían? Anoten el nombre del lugar de sus sueños al lado de su foto y digan cuáles son sus virtudes.

Puerta de acceso

El asfalto se apodera de Asia

El continente se ha convertido en el principal vivero de megalópolis del mundo. Desde India hasta Japón, a pesar de sus grandes diferencias, comparten muchas problemáticas.

Zigor Aldama – Shanghai / Calcuta – 15/09/2011.

Hong Kong, siete millones de habitantes, ocho de la tarde. El neón toma el relevo al sol. Las calles, hasta entonces casi despobladas, se llenan de vida. Los estresantes pitidos de los semáforos marcan el ritmo de una población ávida de gastar dinero que se ha acostumbrado a vivir en cámara rápida. Se llenan los centros comerciales y los grandes restaurantes. Abren sus puertas los clubes de lujo. En esta ex colonia británica habitan tres de los veinte hombres más ricos del planeta. Y se estima que un 15% de la población es millonaria. En euros.

> Pitido: sonido de un pito o bocina.

Pero toda moneda tiene su cara y su cruz. Escondidos en pisos cochambrosos de callejuelas inmundas, miles de personas subsisten en condiciones infrahumanas. Algunos incluso están condenados a habitar una jaula. No han tenido suerte, y el asfalto no conoce la misericordia. Sin embargo, ninguno quiere regresar a su lugar de origen. La esperanza es lo último que se pierde, dicen, y la ONU les da la razón: las 40 mayores megalópolis del mundo cubren una pequeña fracción de la superficie terrestre, y albergan en torno al 18 % de la población, pero de aquí surge el 66 % de la actividad económica global.

Cochambrosos: mugrientos, sucios.

Hong Kong em 15 de maio de 2008.

[...] En Bombay y Calcuta, los otros grandes núcleos urbanos que albergan a más de diez millones de almas, gran parte de la población ni siquiera puede vivir: sobrevive. Es el caso de la familia de Kumar, un hombre de 32 años que ha encontrado un hueco para su familia en la acera. Todos hurgan en la basura de uno de los vertederos de la ciudad. Cocinan y comen en su trozo de asfalto.

Albergan: abrigan.
Acera: Lugar por donde transita la gente en la calle.

Son un ejemplo de las miles de familias que han abandonado el campo para buscar un futuro más halagüeño en la gran ciudad. "Ya no podemos volver porque no nos queda nada allí", se lamenta Kumar. "Y aquí no hay trabajo. Sólo espero que mis hijos puedan vivir en mejores condiciones". Ninguno de ellos está escolarizado. "Si fueran al colegio, ¿quién nos ayudaría a conseguir dinero?", pregunta la madre. [...].

Indianos lavando-se na rua em Calcutá em 27 de outubro de 2009.

Disponible en: <http://www.elpais.com/articulo/sociedad/asfalto/apodera/Asia/elpepusoc/20110915epepusoc_4/Tes>. Acceso: el 16 de febrero de 2012.

Busca en el diccionario:

Hueco: _____

Hurgar: _____

Halagüeño: _____

Vertedero: _____

Trozo: _____

1. Según el texto, es correcto afirmar:
   a) En las grandes ciudades, el asfalto domina las calles y avenidas.
   b) Donde hay más asfalto, mayor es la igualdad socioeconómica.
   c) Las megalópolis consiguieron resolver el problema de la vivienda de su población.
   d) Muchas veces, en las grandes ciudades hay un contraste muy fuerte entre los ricos y los pobres.
   e) En las ciudades donde predomina el asfalto, predomina la miseria.

2. ¿Por qué la familia de Kumar no puede volver al campo?
   _____
   _____

3. De la afirmación de la madre, "Si fueran al colegio, ¿quién nos ayudaría a conseguir dinero?", se deduce que:
   a) los niños no van al colegio.
   b) los niños ayudan a conseguir dinero.
   c) los padres no quieren que sus hijos vayan al colegio.
   d) los padres de los niños creen que estudiar es pérdida de tiempo.

4. La gente del campo emigra a la ciudad porque:
   a) la ONU estimula la ida a las grandes ciudades.
   b) cree que en las grandes ciudades su vida mejoraría.

c) le ofrecen contratos de trabajo.

d) el campo está superpoblado.

5. Según la ONU, *"las 40 megalópolis del mundo cubren una pequeña fracción de la superficie terrestre, y albergan en torno al 18% de la población, pero de aquí surge el 66% de la actividad económica global".*

¿Qué quiere decir esa afirmación?

a) Son pocas las megalópolis, pero son las responsables por el 66% de la actividad económica mundial.

b) El 18% de la población mundial es responsable por el 66% de la actividad económica global.

c) El 18% de las ciudades del mundo son consideradas megalópolis y atienden a las necesidades globales.

d) Las 40 megalópolis del mundo mueven la actividad económica del 18% de la población global.

e) Proporcionalmente una pequeña cantidad de megalópolis mueve más de la mitad de la economía global.

Explorando el texto

En parejas

1. ¿Qué es una megalópolis?

_____

2. Expliquen la diferencia entre ser millonario en euros (moneda de la Unión Europea) y en reales, imaginando que los dos tienen la misma cantidad de dinero, 2 millones, por ejemplo.

_____

3. ¿A qué se refiere el autor del texto cuando afirma que "(...)toda moneda tiene su cara y su cruz"?

_____

Lee la letra de la canción de Fito Páez y contesta las preguntas:

Buenos Aires

Fito Páez

En Buenos Aires brilla el sol y un par de pibes,
en la esquina, inventan una solución.
En Buenos Aires todo vuela, la alegría,
la anarquía, la bondad, la desesperación.
Y Buenos Aires es un bicho que camina,
ensortijado entre los sueños y la confusión.
En Buenos Aires descubrí que el día
hace la guerra, la noche el amor.
(...)En Buenos Aires casi todo ya ha pasado
de generación en degeneración.
Y Buenos Aires come todo lo que encuentra
como todo buen Narciso, nadie como yo.
Pero el espejo le devuelve una mirada
de misterio, de terror y de fascinación.

Buenos Aires (AR).

Explorando el texto

1. Según la canción que leíste, ¿qué características podemos asociar a Buenos Aires? Circula siete de las sugeridas.

> feliz – histórica – pulsante – triste – misteriosa – grande
> dinámica – vacía – confusa – calma – tranquila – llena
> orgullosa – divertida – moderna – contrastante – dividida
> creativa – conservadora – atractiva – estresante

2. Ahora di cuáles versos confirman tu respuesta:

   1) _____
   2) _____
   3) _____
   4) _____
   5) _____
   6) _____
   7) _____

3. Lee una vez más la canción y anota los cinco pares de elementos opuestos presentados:

   1) _____
   2) _____
   3) _____
   4) _____
   5) _____

4. ¿Qué efectos pretende causar el autor al usar tantos pares opuestos en esta canción?

   _____
   _____

5. Según el autor de la canción, ¿qué tipo de ciudad es Buenos Aires?

6. Investiguen más datos sobre Buenos Aires que los ayuden a entender la descripción que Fito Páez hace de esta ciudad.

Produciendo un texto propio

En grupos de 3 ó 4 compañeros.

1. Cuenten en forma de poema cómo es su ciudad o su pueblo.

2. Después de revisarlo y corregir los posibles errores, transcríbanlo a una cartulina, ilústrenlo con fotos o dibujos, pónganle un título y cuélguenlo en el mural de su clase.

Puerta de acceso

tuPatrocinio [*] com

¡Regístrate gratis!   Usuarios registrados

Título del Proyeto   escuelas libres de violencia

Descripción del proyecto

Entidad: COFIVAL

Objetivos:

Contribuir a la erradicación progresiva del maltrato infantil en todos los niveles, familiar, institucional y comunitario.

Fortalecer la participación de niñas, niños y adolescentes en los procesos sociales.

Ecuador es un país que a diario ve en sus calles casos de extrema violencia en todos los niveles, por ello es importante invertir en la prevención; por ello es que vemos urgente trabajar en la integralidad de la comunidad educativa.

Necesitamos patrocinadores para lograr que el público meta, que son 500 niños y niñas de 4 a 15 años tengan acceso a la educación de calidad a través de becas escolares y capacitación en temas de derechos y obligaciones, además de planteárseles una propuesta de vida a través de proyectos productivos que cuando sean adultos puedan aplicar.

Más información:

Cofival es una fundación que trabaja dirigida por una psicóloga, una trabajadora social y una comunicadora con una especialización en proyectos sociales. Hemos trabajado durante 5 años en proyectos sociales en barrios vulnerables del Distrito Metropolitano de Quito – Ecuador, mejorando la calidad de vida de 340 niños, niñas y adolescentes y de 260 mujeres.

> Becas escolares: auxilio en especie concedido en general por el gobierno para los estudios.

Datos destacados

Número de beneficiarios: entre 100 y 5000

Fecha de realización: del 15/03/10 a 15/03/13

Colaboración: en efectivo

Presupuesto total: de 6.001 a 30.000 euros

Patrocínio mínimo solicitado: 3000

Tipo de patrocínio: compartido

Difusión del patrocínio: nacional

Ventajas para el patrocinador: publicidad y mejora de su imagen

Ventajas fiscales: voluntariado

Disponible en: <http://www.tupatrocinio.com/patrocinio.cfm/proyecto/17691020102548515251524 87>. Acceso: el 18 de septiembre de 2011.

Explorando el texto

1. ¿Qué se propone la página electrónica tuPatrocinio.com?

2. ¿Cuál es la justificativa para pedir patrocinio al proyecto "Escuelas libres de violencia"?

3. ¿Cuál es el principal objetivo del referido proyecto?

4. Según la Fundación Cofival, ¿cuál es la forma de erradicar la violencia contra la infancia y la adolescencia?

5. ¿Qué tipo de contribución pide la Fundación Cofival para realizar este proyecto?

6. ¿Qué ventajas tendrían los patrocinadores?

Interactuando con el texto

En grupos de 4 ó 5 compañeros.

1. Consulten a su profesor(a) de Historia o a su familia y contesten:

   a) ¿Qué son los "barrios vulnerables"?

   b) ¿Hay algún barrio vulnerable en su región? ¿Cuál es su principal riesgo?

2. Averigüen cuáles son los problemas de su propio entorno escolar y anótenlos a continuación.

_____
_____
_____
_____
_____
_____
_____
_____
_____
_____
_____

3. Elijan uno de los problemas mencionados y propongan en forma de proyecto, un conjunto de acciones que ayudarían a solucionarlo. Sigan los siguientes pasos:

   a) ¿Cómo se llama el proyecto?

   b) ¿Cuál es su objetivo?

   c) ¿En qué consiste el problema?

   d) ¿Cuál es la propuesta de acciones para solucionarlo?

   e) ¿Qué tipo de ayuda piden?

   f) ¿Quiénes pueden participar?

   g) ¿Cuánto tiempo durará el proyecto?

4. Escojan entre todos cuál es el proyecto que será realizado.

5. Al final del curso lectivo, organicen la presentación del proyecto concluido y relaten el resultado por escrito para colgarlo en el mural de su escuela.

6. Lean el siguiente texto sobre una comunidad pesquera de Alagoas.

¿Cómo transformarían uno de los problemas de su comunidad en un proyecto? Elabórenlo con ayuda de su profesor(a) y busquen ayuda dentro y fuera de la escuela.

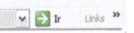

Sexta-feira, 10 de setembro de 2010

Seminário na Vila de Pescadores discute o Lugar e o Labor como Patrimônio Cultural e Imaterial

Um Seminário organizado pela comunidade da Vila de Pescadores de Jaraguá vai discutir, durante toda a tarde do próximo dia 11 de setembro, o lugar e o labor como Patrimônio Cultural e Imaterial na Vila de Pescadores de Jaraguá.

O objetivo do evento é dar visibilidade ao rico patrimônio da pesca reproduzido há décadas pela comunidade e sensibilizar a sociedade alagoana para as sucessivas tentativas da Prefeitura Municipal de Maceió de desalojar dali aquela comunidade pesqueira.

O evento, organizado pela própria comunidade, através da Associação dos Moradores e Amigos da Vila de Pescadores de Jaraguá – AMAJAR – e do Ponto de Cultura Enseada das Canoas, fará discussões em torno do lugar (a Vila de Pescadores) onde se realiza um modo de fazer tradicional (a pesca) que reúne todos os requisitos para ser considerado Patrimônio Cultural e Imaterial de Alagoas e do Brasil.

Disponible en: <http://amajar.blogspot.com/>. Acceso: el 16 de febrero de 2012.

7. ¿En qué difieren los proyectos de la Cofival del texto de la página 82, y la AMAJAR?

_____
_____
_____

8. ¿Qué significa Patrimonio Cultural Inmaterial?

_____
_____

9. ¿Qué prácticas sociales tradicionales regionales o nacionales pueden proponer como patrimonio cultural inmaterial?

> Después de realizar las consultas necesarias (profesores, familia, comunidad, Internet), es necesario anotar los datos para argumentar ante la clase sobre su importancia, y votar cuál será el nuevo patrimonio cultural inmaterial de la región o del país.

Escuchando

Pista 9

Las fiestas populares son un tipo de patrimonio cultural que debe ser preservado. En Uruguay se celebra la fiesta de Iemanjá, que según la religión Umbanda, traída por los esclavos africanos a Uruguay, protege a los pescadores de los peligros del mar y les trae una abundante cantidad de peces.

Escucha a la lectura de la letra de la canción de Jorge Drexler sobre esta fiesta y contesta:

1. ¿Qué tipo de cosas le ofrecen los pescadores a Iemanjá?

_____
_____

2. ¿Cómo se la llama a Iemanjá en la canción?
_____

3. ¿Dónde se puede ver Iemanjá más claramente?
_____

4. ¿Cuándo se celebra la fiesta de Iemanjá?
_____

Explorando el texto

1. ¿Por qué dice Jorge Drexler que el cantar de Iemanjá es salado?
_____

2. Explica la relación entre las espumas y las alas.
_____
_____

Practicando la lengua

En parejas.

1. Discutan y anoten la diferencia de sentido entre:

   a) Cuando tenga tiempo, ayudaré a mi mamá.
   _____
   _____

   b) Cuando tengo tiempo, ayudo a mi mamá.
   _____
   _____

2. Las idealizadoras del proyecto "escuela libre de violencia" desean que 500 niños y adolescentes tengan una educación de calidad. Eso significa que:

   a) esos jóvenes ya tienen educación de calidad;

   b) esos jóvenes todavía no tienen educación de calidad.

3. Completen las frases adecuadamente, usando "tenga" o "tengo".

   a) Cuando _____ sueño, me dormiré.

   b) No _____ dinero, así que no me puedo comprar un helado.

   c) Telefonéame cuando _____ tiempo.

   d) Nos iremos cuando _____ permiso.

   e) No pueden salir porque no _____ permiso.

Escuchando

Pista 10

1. Escuchen dos veces el cuento "Buscando la paz" con atención.

2. Asegúrense, entre todos, de haber entendido los siguientes aspectos:

   a) ¿Sobre qué tenían que pintar los participantes del concurso?
   _____

   b) ¿Cómo era la primera pintura que agradó al rey?
   _____
   _____

   c) ¿Cómo era la segunda pintura examinada por el rey?
   _____
   _____
   _____

Produciendo un texto propio

En parejas.

1. Discutan y anoten la respuesta a la pregunta del cuento: ¿Cuál creen que fue la pintura ganadora?

   _____

   _____

2. Lean la continuación del cuento.

   El Rey escogió la segunda.

   ¿Saben por qué?

   "Porque, explicaba el Rey, paz no significa estar en un lugar sin ruidos, sin problemas, sin trabajo duro o sin dolor. Paz significa que, a pesar de estar en medio de todas estas cosas, permanezcamos calmados dentro de nuestro corazón. Este es el verdadero significado de la paz."

   Disponible en: <www.me.gov.ar/efeme/paz_internacional/cuentan.html>.
   Autor desconocido. Acceso: el 20 de enero de 2012.

3. Discutan la opción del Rey y su explicación y reescriban el cuento, inventando otro final.

   _____

   _____

   _____

   _____

   _____

   _____

   _____

Puerta de salida

Cuentos para Jugar

Lectores nocturnos

Son las diez de la noche. Cuatro chicos están leyendo en sus camas, en distintos lugares del país: uno vive en la provincia de Santa Cruz, otro en Jujuy, el tercero en Buenos Aires y el cuarto en Mendoza.

El que vive en Jujuy lee una novela histórica y Damián, que no es el que tiene un hamster, lee una aventura espacial. Marcela lucha contra el sueño porque quiere terminar el cuarto capítulo. Alicia sigue atentamente las andanzas de un detective que intenta resolver un crimen terrible, mientras su gato se acomoda a los pies de la cama. Sergio que antes de acostarse le dio de comer a su perro, se tapa bien con tres frazadas porque en Santa Cruz hace mucho frío.

Damián, que no vive en Mendoza, está preocupado y le cuesta concentrarse en la lectura porque su conejo está enfermo.

De pronto, como por arte de magia y venciendo las distancias, las novelas se mezclan. Los personajes de los cuatro libros, llamados Licón, Pitágoras, Marlán y Astar, se encuentran frente a frente en un mundo que sólo existe en la fantasía. "¿Por qué no unirse para ser parte de una nueva novela? ¿Por qué no inventar una historia que no tenga ningún autor?"

Piensan los cuatro al mismo tiempo. Licón propone que todos se trasladen a la antigua Grecia, donde transcurre su historia pero Marlán prefiere el futuro y se niega a abandonar su nave espacial. Pitágoras y Astar se llevan muy bien, hasta que Astar asegura que como explorador de la selva le corresponde ser el jefe, y Pitágoras no quiere aceptarlo.

La discusión se vuelve a cada momento más acalorada y están a punto de llegar a las manos cuando ven que en el horizonte comienza a asomar el sol. El mundo de fantasía se deshace lentamente y los cuatro héroes intentan regresar con urgencia a sus libros. Pero en la confusión, Marlán se instala en las páginas de la aventura de la selva, Astar se pierde en las estrellas, el detective Pitágoras termina buscando al asesino en Grecia y Licón se encuentra atrapado en la trama de una novela policial.

Y ahora… ¿podés decir en qué provincia vive cada chico, qué mascota le corresponde, qué libro está leyendo y cuál es el personaje de ese libro? Sacá los datos del relato y anotalos en el cuadro. Completá los datos que faltan, ¡PENSANDO!

Nombre	Provincia	Mascota	Tipo de libro	Personaje

Respuesta: Sabemos que Sergio vive en Santa Cruz. Damián no vive en Mendoza, tampoco en Jujuy porque no lee una novela histórica, por lo tanto, vive en Buenos Aires. Alicia no vive en Santa Cruz ni en Buenos Aires, tampoco en Jujuy porque no está leyendo una novela histórica, por lo tanto, vive en Mendoza. Marcela vive en Jujuy. Sergio tiene un perro, Damián un conejo, Alicia un gato y Marcela un hamster. Marcela lee una novela histórica cuyo personaje es Licón; Damián una novela espacial, personaje Marián; Alicia una novela policial, personaje Pitágoras. Y Sergio una aventura en la selva, personaje Astar.

VIVA, revista Clarín, 9 de julio de 2000.

Con la ayuda de tu profesor(a) haz un poquito de esfuerzo y revisa tus conocimientos de lengua española. Cambia las formas del "voseo", usado en el siguiente párrafo, por las formas equivalentes del "tuteo".

Y ahora... ¿Podés (_____) decir en qué provincia vive cada chico, qué mascota le corresponde, qué libro está leyendo y cuál es el personaje de ese libro? Sacá (_____) los datos del relato y anotalos (_____) en el cuadro. Completá (_____) los datos que faltan, ¡PENSANDO!

¡Que tengan un buen día!
¡Nos vemos en la unidad cuatro!

Cuestión de salud

unidad **4**

Interacción y integración con el entorno

Objetivo:
Reescribir una versión actualizada de Caperucita Roja.

Calentando el motor

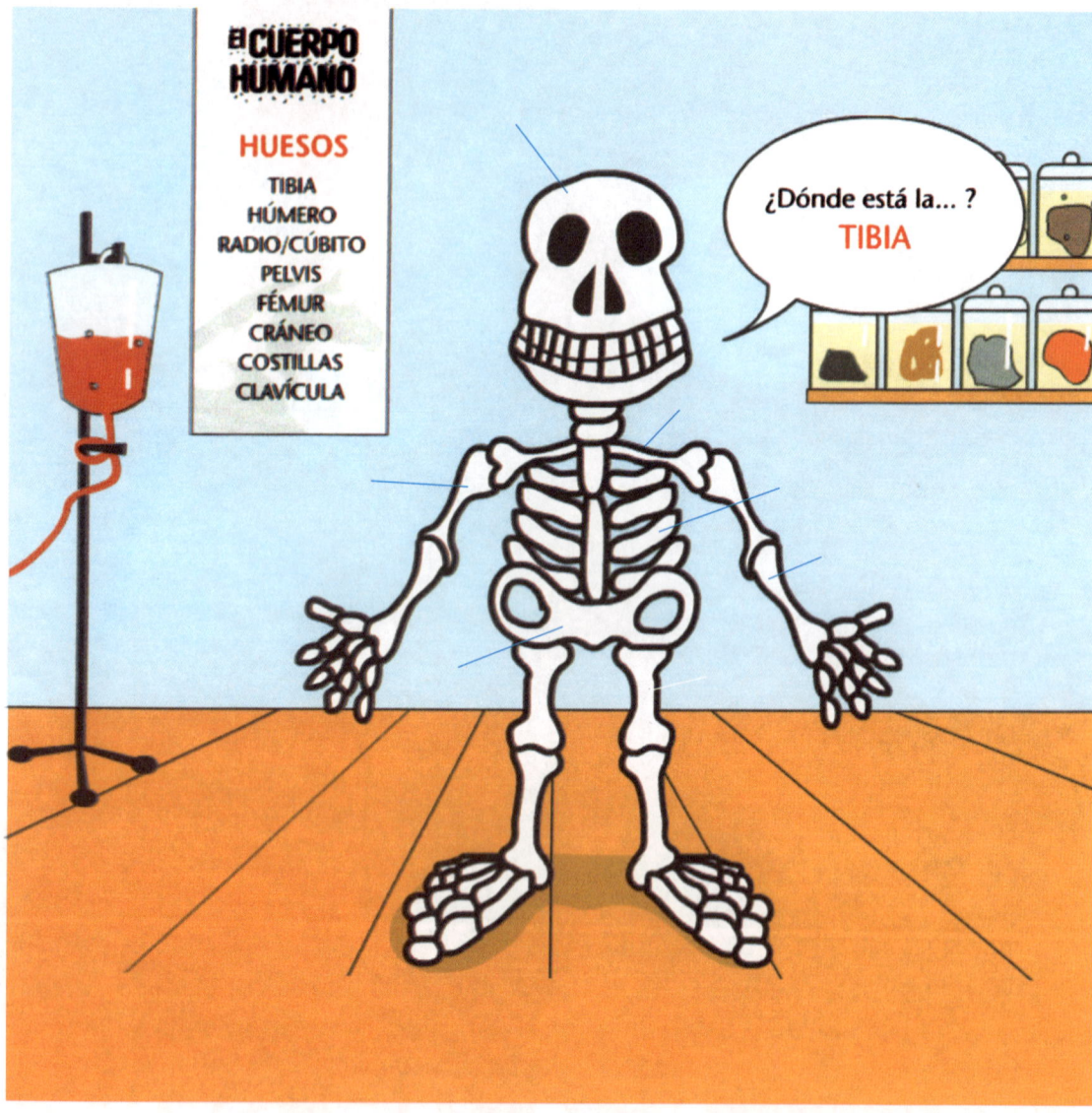

Disponível em: <http://www.cajastur.es/clubdoblea/diviertete/juegos/elcuerpohumano.html>.
Acceso: el 16 de febrero de 2012.

- ¿Sabes dónde está la tibia?

    Señálala con lápiz rojo en el esqueleto anterior.

- Ubica los demás huesos mencionados en el cuadro que se encuentra a la izquierda del esqueleto.

Puerta de acceso

¿Te gusta comer? ¿Qué tipo de comida te gusta? ¿Cómo saber si estamos comiendo de manera sana?

Los colores de los alimentos nos pueden ayudar a decidir qué comer. ¿Cómo? ¡Vamos a escucharlo!

Escuchando

Pista 11

1. Escucha el auditivo. En él encontrarás algunas partes que se perdieron en el audio, pero que están en el texto escrito y las deberás subrayar.

Comer con color

Los alimentos naturalmente coloridos como los vegetales y las frutas, no solo son más atractivos visualmente que una alimentación monocromática y descolorida, sino que también contribuyen a una alimentación saludable, ya que aportan vitaminas, minerales, fibras y otros componentes bioactivos. Además de esto, las frutas y verduras de colores son las mejores fuentes naturales de antioxidantes para la alimentación.

Los antioxidantes, como las vitaminas C y E, no sólo cumplen una función de protección celular sino que también contribuyen a darles a las frutas y verduras los sabores y colores que las distinguen y que difieren según el color. Así que los pigmentos que hacen rojos a los tomates y anaranjadas a las zanahorias, en realidad son indicadores, parcialmente, de diferentes antioxidantes y otros comportamientos bioactivos que contienen.

La naturaleza usa el color entonces no sólo para anunciar las verduras y frutas más deliciosas, sino que también nos ayuda a escoger una alimentación variada que contenga todos sus beneficios.

Así que, a usar los ojos y comencemos a comer con color.

2. Ahora, escucha nuevamente y lee en voz alta las partes faltantes que subrayaste. ¡Ojo! Debes seguir la misma entonación y el mismo ritmo que tiene el audio.

Sigue informándote sobre alimentos con color.
Lee los siguientes textos.

Naranja

Comé naranja: calabazas, zanahorias, pimientos, naranjas y mandarinas contienen nutrientes como alfa caroteno, beta caroteno, flavonoides, luteína, licopeno y vitamina C. Ingerirlos regularmente puede ayudar a mejorar la visión, la absorción del hierro y el aspecto de la piel.

Verde

Comé verde: sus nutrientes principales (como el beta caroteno, el folato, el glutatión, la luteína, la vitamina C y la vitamina K) se encuentran en espárragos, habas, berros, brócolis, espinacas, lechugas, manzanas, uvas, peras y kiwis. Incorporar verde a nuestra alimentación puede ayudar a disminuir las probabilidades de padecer enfermedades del corazón, problemas de visión y también de piel

Rojo

Comé rojo: en pimientos, tomates, frambuesas, cerezas y manzanas existe un riquísimo universo de vitaminas: antocianinas, betacianinas, luteína, licopenos, quercetina, polifenoles y vitamina C. Cada uno de ellos puede contribuir al buen funcionamiento de los pulmones, la visión, los procesos antinflamatorios, el flujo sanguíneo y el sistema cardiovascular.

Amarillo

Comé amarillo: pimientos amarillos, calabacines, duraznos, limones y manzanas contienen: vitamina B6, vitamina C, carotenoides y luteína, lo que puede ayudar a proteger la piel de los rayos ultravioletas, la absorción del hierro y evitar los problemas oculares.

Viva, revista Clarín, 20 abr. 2008.

1. Señala las frases que, según el texto, contienen una información incorrecta.

   a) Los alimentos naturalmente coloridos son atractivos y contribuyen a una alimentación saludable.

   b) Entre las virtudes de los antioxidantes, como las vitaminas C y E, está la de proteger las células.

   c) La naturaleza usa el color para confundir a los posibles consumidores que acaban escogiendo alimentos descoloridos.

   d) La alimentación monocromática es más sana que la colorida.

   e) Los pigmentos que hacen rojos a los tomates y anaranjadas a las zanahorias ayudan a indicar los antioxidantes que contienen.

2. ¿Quiénes deben comer principalmente alimentos amarillos?

3. ¿A quiénes los favorece especialmente el consumo de alimentos rojos?

4. ¿Cuál es la importancia de componer un plato con colores?

Interactuando con el texto

En grupos de 4 compañeros.

1. Organicen una pequeña encuesta sobre los hábitos alimenticios de su clase o de otras clases, preguntándoles a cinco chicos (as):

   a) Edad: _____

   b) Residencia: ( ) ciudad   ( ) campo   ( ) litoral

   c) Alimentos que más consume: _____

   d) Frutas que suele consumir: _____

   e) Verduras que suele consumir: _____

   f) Problemas de salud: ( ) Sí   ( ) No

   g) ¿Cuáles son los problemas de salud? _____

2. Reúnan los datos y organícenlos en un cuadro que deberán colgar en el mural de su escuela.

3. Si no hay suficiente consumo de frutas y verduras, organicen una campaña de buena alimentación.

Sugerencia: organicen un folleto informativo con los datos del texto que acaban de leer y repártanlo en la escuela.

Practicando la lengua

En parejas.

1. Según el texto "Comer con color", es correcto afirmar que:

   a) Los alimentos que son naturalmente coloridos son más atractivos visualmente que los monocromáticos y descoloridos, y contribuyen a una alimentación saludable.

   b) Los alimentos coloridos son más saludables que los descoloridos o monocromáticos, porque aportan vitaminas, minerales, fibras y otros componentes bioactivos.

   c) La naturaleza usa el color para anunciar las verduras y las frutas más deliciosas, pero eso no nos ayuda a escoger una alimentación variada.

   d) Los antioxidantes cumplen dos funciones: la de proteger las células y la de darles a las frutas y verduras los sabores y colores que las distinguen.

   e) Los alimentos que son naturalmente coloridos son tan atractivos visualmente como los monocromáticos y descoloridos.

2. Relean el segundo párrafo y señalen la alternativa que contenga el significado más adecuado de "Así que":

   a) Los antioxidantes también contribuyen a darles a las frutas y verduras los sabores y colores. O sea, los pigmentos que hacen rojos a los tomates y anaranjadas a las zanahorias son indicadores, parcialmente, de diferentes antioxidantes.

   b) Los antioxidantes también contribuyen a darles a las frutas y verduras los sabores y colores. Pero, los pigmentos que hacen rojos a los tomates y anaranjadas a las zanahorias no son indicadores parciales de diferentes antioxidantes.

c) Los antioxidantes no contribuyen a darles a las frutas y verduras los sabores y colores, ni los pigmentos que hacen rojos a los tomates y anaranjadas a las zanahorias son indicadores de diferentes antioxidantes.

d) Los antioxidantes contribuyen a darles a las frutas y verduras los sabores y colores. En cambio, los pigmentos que hacen rojos a los tomates y anaranjadas a las zanahorias no indican ningún tipo de antioxidantes.

3. Completen libremente las siguientes frases:

a) Las frutas no solo son saludables, sino que

b) Los alimentos amarillos no solo ayudan a proteger la piel de los rayos ultravioletas, sino que

c) Los alimentos rojos no solo contribuyen al buen funcionamiento de los pulmones, sino que

d) Ingiero regularmente los alimentos amarillos no solo porque me lo recomiendan mis padres, sino porque

Puerta de acceso

¿Sabes lo qué debe comer un estudiante?

( ) No sé.

( ) Sí lo sé. Debe comer:

_____

_____

Lo que debe comer un estudiante

La actividad diaria de un estudiante le implica desgaste, tanto físico como intelectual, por lo cual sus necesidades energéticas aumentan, y debe tener un aporte mayor de algunos nutrientes; sin embargo, escasez o exceso de algunos alimentos desequilibra el estado óptimo, afectando con ello la salud del escolar.

Sin perder el balance

Los nutricionistas indican que una dieta equilibrada contiene 55% de carbohidratos, 35% de grasas y de 10 a 15% de proteínas. Es así que podemos preparar un menú sumamente saludable, combinando los elementos anteriormente mencionados, teniendo en cuenta la siguiente información:

Carbohidratos. En el estudiante son sinónimos de energía, razón por la cual no deben faltar en el menú diario. Lo mejor es consumirlos mediante fruta (higo, banana, sandía, manzana, frutilla, durazno, pera, naranja o piña), vegetales, cereales, pasta, arroz, papa, maíz, trigo (en pan, pastas y harinas integrales) y avena.

Mucho cuidado, pues su consumo excesivo puede desencadenar obesidad y celulitis, además de acentuar la diabetes y los problemas en el corazón.

Grasas. Su consumo moderado es de gran utilidad, ya que son responsables de diversas funciones, como absorber algunas vitaminas, así como almacenar y distribuir la energía que el organismo necesita. Los especialistas contemplan dos tipos de grasas: las saturadas, que se encuentran en carnes rojas y la mayoría de los productos lácteos, huevo y embutidos; y las insaturadas, presentes en aceites vegetales (de oliva, maíz, soja y girasol), palta, pollo, pescado y frutas secas, entre otros.

[...]

Proteínas. Contribuyen al buen estado de músculos, tejidos, enzimas y hormonas, así como al mejor rendimiento físico. De ahí que se debe consumir diariamente, por lo menos, 1 gramo de proteínas por cada kilogramo de peso; sin embargo, hay que tener cuidado, pues al ingerirlas en altas cantidades se almacenan en forma de grasa. Se encuentran en el huevo, la leche, el queso, la carne roja, el pescado, las aves, el arroz, la papa, las lentejas, los granos, el trigo, el maíz, la soja y las algas.

¡Ah!, pero también...

Habiendo dejado claro qué es una dieta balanceada, tengamos en cuenta que hay otros nutrientes que son igualmente imprescindibles en la alimentación diaria del estudiante, entre los que debemos mencionar a los minerales (magnesio, cobre, zinc, molibdeno, manganeso, cobalto, flúor, azufre y cloro). Los localizamos, sobre todo, en pescados y mariscos, carnes, legumbres, pan integral y huevos.

Por otra parte, elementos como el calcio, el fósforo, el hierro, el potasio, el sodio y el yodo pueden hallarse principalmente en pescados, leche, quesos, huevos, almendras, avellanas, nueces, germen de trigo, verduras, cereales y legumbres.

La importancia de las vitaminas

Cada una tiene una función muy especial en el organismo humano, el cual no es capaz de darles el mejor aprovechamiento por sí mismo, por lo que necesita de una dieta equilibrada para adquirirlas. Se encuentran en alimentos como pollos, cereales integrales, frutos secos, verduras y legumbres.

[...]

(Texto adaptado). Saber Vivir, ano 9, n. 234, 15 de marzo de 2008.

1. ¿Qué es una dieta balanceada?

2. ¿Por qué el estudiante debe seguir una alimentación equilibrada?

3. ¿Es correcto consumir carbohidratos?

4. ¿Por qué es importante consumir grasas?

5. ¿Para qué sirven las proteínas?

Escuchando

Escucha el audio sobre la dieta diaria de tres personas. Luego di si son dietas sanas, o no, y justifica tu respuesta.

Pista 12

1) José: _____
_____
_____

Pista 13

2) Teresa: _____
_____
_____

Pista 14

3) Henrique: _____
_____
_____

Interactuando con el texto

En grupos de 3 ó 4 compañeros.

1. Llenen el canasto siguiente con sus sugerencias de dietas balanceadas.

2. Comparen su dieta con la de sus compañeros y completen o alteren algunos productos que estén en su listado. ¿Qué productos dejaron afuera y cuáles incluyeron?

_____

_____

3. ¿Qué tipos de aceite se consumen en su región?

_____

_____

4. ¿Cuáles países europeos son famosos por usar el aceite de oliva a diario?

_____

_____

5. Busquen una receta que les guste, en la que se use el aceite de oliva, y anótenla.

Practicando la lengua

Se acabó la pelea
entre comer algo bueno y comer algo rico.

Trigo, cebada, maíz, avena y arroz.
Juntan todo lo bueno de los cereales con todo lo rico de las pastas.

VIVA, revista de Clarín, 14 de setiembre de 2008.

En parejas.

1. Observen la frase:

    "Se acabó la pelea entre comer algo bueno y comer algo rico."

2. En este texto publicitario, se establece una oposición entre "bueno" y "rico". ¿Qué significa comer algo bueno?

   _____

3. Si "comer algo bueno" significa "comer algo sano", ¿a qué se refiere con "comer algo rico"?

   _____

4. ¿Es lo mismo "algo bueno" que "alguien bueno"? ¿Qué significa, por ejemplo, "Mi papá es un hombre bueno"?

   _____

5. Expliquen la diferencia de sentido de "rico" en:

   a) Es un hombre muy rico, un millonario.
   _____

   b) Es una nena muy rica.
   _____

   c) La carne está riquísima.
   _____

6. Lean la siguiente frase: "Juntan todo lo bueno de los cereales con todo lo rico de las pastas."

   a) En este caso, ¿a qué se refiere "lo bueno"?
   _____

   b) En este caso, ¿a qué se refiere "lo rico"?
   _____

7. Discutan y anoten qué diferencia hay entre "lo bueno" y "el bueno" en las frases que siguen.

   a) Lo bueno es tener un amigo sincero.
   _____

   b) El buen amigo es el que nunca te miente.
   _____

8. Completen los espacios con LO o EL.

   a) _____ bueno de la alimentación colorida es que te aporta diversas vitaminas y proteínas.

   b) _____ consumo de alimentos de color rojo contribuye al buen funcionamiento de los pulmones.

   c) No te pierdas todo _____ que hay de sano en las verduras.

   d) _____ que sigue una dieta rica en beta caroteno puede mejorar la visión.

   e) _____ importante es que tengas un buen hábito alimenticio.

Puerta de acceso

Ruido y salud humana

La presencia de todo tipo de sonidos en las ciudades modernas es hoy tan común, que muchos hemos terminado por acostumbrarnos a ellos y cada vez percibimos menos las graves consecuencias físicas que esto nos acarrea. Las autoridades internacionales en salud coinciden en que la contaminación acústica presente en los espacios urbanos puede incidir negativamente en la calidad de vida, el bienestar y la salud de las personas, dependiendo de las características de exposición y de las fuentes generadoras del ruido. A partir del reconocimiento de esta realidad, la física y la medicina han orientado sus investigaciones a determinar las repercusiones en los individuos expuestos a diferentes niveles de presión sonora, relacionando los parámetros medidos con sus efectos biológicos y fisiológicos.

Madrid a la noche.

Embotellamiento en Madrid.

Francisco Calderón Córdova/ Revista 365 días para vivir con salud. Disponible en: <http://www.diversidadambiental.org/articulos/nota012.html>. Acceso: el 16 de febrero de 2012.

1. Según el texto, es correcto afirmar:

   a) En las ciudades modernas hay todo tipo de sonidos.

   b) Los que viven en las ciudades modernas están tan acostumbrados a los ruidos que no perciben exactamente cuánto daño hace la contaminación acústica.

   c) No hay acuerdo sobre si la contaminación acústica afecta o no la salud humana.

   d) Los físicos y los médicos no reconocen que los ruidos urbanos afecten la calidad de vida.

   e) Se está investigando el nivel de repercusión de los ruidos en los individuos.

2. Lee silenciosamente el siguiente texto, extraído del mismo artículo de Calderón Córdova, prestando atención a los efectos del ruido sobre la salud humana.

Efectos sobre la audición

La deficiencia auditiva o pérdida progresiva de la audición es el riesgo más grave que puede sufrir el ser humano expuesto a elevados niveles de presión acústica.

La OMS señala que las personas con mayor riesgo de sufrir deficiencia auditiva son las expuestas a niveles de ruido por arriba de 75 dB, en ambientes laborales y con períodos de exposición superiores a ocho horas.

Se considera que las personas expuestas al ruido ambiental por períodos hasta de 24 horas y un nivel menor de 70dB, no sufrirán pérdida de audición. No obstante, todavía no existe una confirmación de los efectos aquí indicados basada en hechos experimentales, dado que los efectos perjudiciales de la exposición a niveles de ruido elevados se detectan a largo plazo.

Francisco Calderón Córdova/ Revista 365 días para vivir con salud. Disponible en: <http://www.diversidadambiental.org/articulos/nota012.html>. Acceso: el 16 de febrero de 2012.

3. Contesta las siguientes preguntas:

   a) ¿En qué condiciones una persona puede perder la capacidad auditiva?

   _____

   _____

   b) ¿Por qué no se puede afirmar con seguridad que "las personas expuestas al ruido ambiental por períodos de hasta 24 horas y en niveles menores a 79dB" no se quedarán sordas?

   _____

   _____

Explorando el texto

1. ¿Quién es el autor de ambos textos?

   _____

2. ¿En cuál sitio electrónico está disponible el artículo?

   _____

   _____

3. ¿Qué significa la sigla dB? ¿Qué mide?

   _____

   _____

4. ¿Qué es la OMS? ¿Cuál es su función?

   _____

   _____

   _____

   _____

Interactuando con el texto

En equipos de 3 ó 4 compañeros.

1. Examinen la siguiente tabla, extraída del mismo texto de Calderón Córdova.

Niveles Sonoros y Respuesta Humana

Sonidos característicos	Nivel de presión sonora (dB)	Efecto
Trueno	130	—
Bocina de auto (a 1 m de distancia)	120	máximo esfuerzo vocal
Martillo neumático	110	extremamente fuerte
Concierto de *rock* Camión pesado (15')	110	extremamente fuerte
Petardos	100	muy fuerte
Camión pesado (15')	90	muy molesto
Tránsito urbano	90	daño auditivo (8 hrs)
Reloj despertador (0,5')	80	molesto
Restaurante ruidoso/ Tránsito por autopista/ Oficina de negocios	70	difícil uso del teléfono
Conversación normal/ Tránsito de vehículos	60	intrusivo
Livianos (30')	50	silencio
Biblioteca	30	muy silencioso
	0	umbral auditivo

Francisco Calderón Córdova/ Revista 365 días para vivir con salud. Disponible en: <http://www.diversidadambiental.org/articulos/nota012.html>. Acceso: el 16 de febrero de 2012.

2. Teniendo en cuenta los datos de la tabla, discutan y anoten a qué presión auditiva están expuestos a diario.

3. Averigüen cuántos chicos y chicas de su clase suelen escuchar música usando el audífono. ¿Están conscientes de que ese hábito puede dañarles la audición?

_____
_____
_____
_____

4. Investiguen en su comunidad/barrio qué profesionales sufren con la contaminación auditiva y de qué forma ésta les afecta la salud. Anoten los datos.

_____
_____
_____
_____

5. Si diariamente están expuestos a más de 75 dB, ¿qué medidas se pueden tomar en la escuela o en su barrio para tener una mejor calidad de vida?

_____
_____
_____

Escuchando

Pista 15

Ahora escucha este auditivo y completa el texto propuesto:

El toque de _____ más famoso entre _____ es el _____. Éste fue inventado por _____ que deseaba _____ a los _____. Pero al final todo salió al revés, el _____ fue _____ por un anónimo y se _____ en un arma muy útil para los adolescentes, ya que ahora estos pueden tener este _____ en sus _____. El hecho de que los _____ no puedan escuchar este sonido se debe a una _____ denominada presbiacusia, que puede ser causada por _____, _____, _____ y _____, entre otros. Lo que sí es verdad es que los sonidos más altos, como el de _____ Hz suelen ser silenciosos para los _____ de _____ años.

Adaptado de: www.arturogoga.com/2008/03/27/ringtone-tono-mosquito-un-sonido-que-adultos-no-pueden-escuchar

¿Deseas probarlo? Entra en <http://www.teenbuzz.org/es/> y prueba tu audición.

Puerta de acceso

Desahógate

El equipo del Dr. Sommer te escucha

Puedes enviar todas tus cartas a BRAVO, ref.: Equipo Dr. Sommer, apdo. de Correos 51.322, 28080 Madrid. Las cartas que no sean publicadas se contestarán por correo.

Puedes hablar con el equipo Dr. Sommer de lunes a jueves, de 10.00 a 17.00 h, llamando al telf.: 696 423 153. También puedes dejar tu mensaje en nuestro contestador. No se aceptan SMS.

Si quieres ponerte en contacto con nuestro equipo del Dr. Sommer a través de Internet, y que tu e-mail salga publicado, ¡apunta!
e-mail drsmmoer@bravoparti.com

Tengo el estado de ánimo bajo en otoño

He notado que en otoño me baja el ánimo, tengo menos energía y más ansiedad. ¿Me podríais dar algún consejo para hacerlo más llevadero?

Lucía, Toledo

Es posible que padezcas un Trastorno Afectivo Estacional (TAE), que ¡puedes vencer siguiendo unas pautas! El TAE es una forma de depresión que aparece en la misma época cada año. Es común que se produzca con la llegada del otoño, cuando las horas de luz se reducen. Esto hace que el cerebro segregue menos hormonas encargadas de mantener nuestro estado de ánimo estable. Lo más importante es que hayas notado o detectado qué te pasa. Ahora ¡ponte manos a la obra para vencerlo! Sal a dar un paseo al aire libre y disfruta del precioso paisaje otoñal, dedica tiempo a tus amig@s y seres queridos, aliméntate bien (come pescado azul, verduras y fruta) y respeta tu rutina del sueño. Además, puedes relajarte en casa dándote una buena ducha caliente y aplicándote después un bálsamo. ¡Verás qué relax! Si sigues sintiéndote mal, habla con tus padres para pedir ayuda profesional. ¡Ánimo!

Llevadero: soportable.

Revista BRAVO ¡por ti!, nº338, p. 24.

1. ¿Cuál es el problema de Lucía?

Español unidad 4. Cuestión de salud

2. Según el consultor, ¿por qué ese tipo de depresión ocurre en otoño?
_____
_____

3. ¿Qué tipo de alimento ayuda a superar esa forma de depresión?
_____
_____

4. ¿Qué otros consejos le da el Dr. Sommer a Lucía?
_____
_____
_____

Explorando el texto

En parejas

1. ¿Cómo se llama la revista donde se publicó la consulta de Lucía?
_____

2. ¿Dónde se publica esta revista?
_____

3. ¿Cómo se puede contactar al equipo del Dr. Sommer?
_____
_____
_____

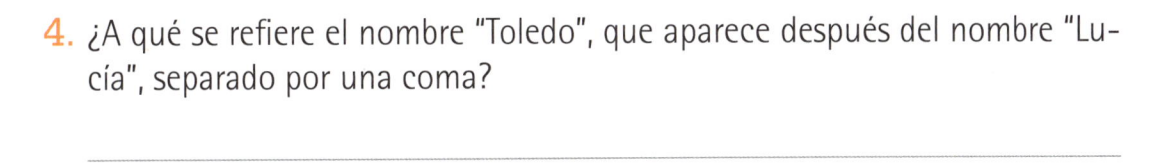

4. ¿A qué se refiere el nombre "Toledo", que aparece después del nombre "Lucía", separado por una coma?

5. ¿Qué sugiere el nombre de la sección "Desahógate"?

6. En este tipo de texto, ¿quiénes son los interlocutores?

7. ¿En qué se nota que Lucía se dirige al Dr. Sommer de forma muy cortés?

Revisen o rediscutan la diferencia entre el español peninsular y el americano:
En España: En Hispanoamérica: En Brasil:
Vosotros (2ª pers. Pl.) Ustedes (3ª pers. Pl.) Vocês

Interactuando con el texto

En grupos de 4 compañeros.

1. Organicen un consultorio sentimental, escolar o psicológico, siguiendo las siguientes pautas.

   a) Deberán pensar en algún problema sobre la amistad, el rendimiento escolar o sobre ciertas características personales (timidez, envidia, miedo a la oscuridad, etc.).

   b) Al definir el problema, deberán escribir un pequeño texto y enviárselo a los consultores.

   c) Los consultores deberán discutir cómo se dará la respuesta.

   d) La respuesta deberá ser enviada de la misma forma como se recibió la consulta.

Puerta de acceso

Caperucita Roja

Érase una vez una niña llamada 🧒. Una mañana de salió de su 🏠 llevando una 🧺 con pan, tortas y una jarrita de miel para su 👵 que estaba enferma y vivía en el corazón del 🌳.

Disponible en: <http://pacomova.eresmas.net/caperucita/cuento_con_dibujos.htm>. Acceso: el 16 de febrero de 2012.

Sustituye cada dibujito por la palabra que corresponda.

_____
_____
_____

Caperucita Roja

Charles Perrault

Había una vez una niñita en un pueblo, la más bonita que jamás se hubiera visto; su madre estaba enloquecida con ella y su abuela mucho más todavía. Esta buena mujer le había mandado hacer una caperuza roja y le sentaba tanto que todos la llamaban Caperucita Roja. Un día su madre, habiendo hecho unas tortas, le dijo:

— Anda a ver cómo está tu abuela, pues dicen que ha estado enferma; llévale una torta y este tarrito de manteca.

Caperucita Roja salió enseguida a ver a su abuela, que vivía en otro pueblo. Al pasar por un bosque, se encontró con el compadre lobo, que tuvo muchas ganas de comérsela, pero no se atrevió porque unos leñadores andaban por ahí cerca. Él le preguntó a dónde iba. La pobre niña, que no sabía que era peligroso detenerse a hablar con un lobo, le dijo:

— Voy a ver a mi abuela, y le llevo una torta y un tarrito de manteca que mi madre le envía.

— ¿Vive muy lejos? — le preguntó el lobo.

— ¡Oh, sí! Más allá del molino que se ve allá lejos, en la primera casa del pueblo.

—Pues bien, yo también quiero ir a verla. Iré por este camino, y tú por aquél, y veremos quién llega primero.

El lobo partió corriendo a toda velocidad por el camino que era más corto y la niña fue por el más largo, entreteniéndose en recoger avellanas, en correr detrás de las mariposas y en hacer ramos con las florecillas que encontraba.

Poco tardó el lobo en llegar a la casa de la abuela. Golpeó la puerta: ¡toc! ¡toc!

—¿Quién es?

—Es tu nieta, Caperucita Roja. Te traigo una torta y un tarrito de manteca.

La cándida abuela, que estaba en cama porque no se sentía bien, contestó:

—Tira del cordel y se abrirá el cancel.

Así lo hizo el lobo y la puerta se abrió. Se abalanzó sobre la buena mujer y la devoró en un abrir y cerrar de ojos, pues hacía más de tres días que no comía. Luego cerró la puerta y fue a acostarse en la cama de la abuela, esperando a Caperucita Roja quien, un rato después, llamó a la puerta: ¡toc! ¡toc!

—¿Quién es?

Caperucita Roja, que oyó la voz ronca del lobo, primero se asustó, pero creyendo que su abuela estaba resfriada, contestó:

—Es tu nieta, Caperucita Roja; te traigo una torta y un tarrito de manteca.

El lobo le gritó, suavizando un poco la voz:

—Tira del cordel y se abrirá el cancel.

Caperucita Roja tiró del cordel y la puerta se abrió. Al verla entrar, el lobo le dijo, mientras se escondía en la cama bajo la frazada:

— Deja la torta y el tarrito de manteca en la repisa y ven a acostarte conmigo.

Caperucita Roja se desviste y se mete a la cama y quedó muy asombrada al ver la forma de su abuela en camisa de dormir. Ella le dijo:

— Abuela, ¡qué brazos tan grandes tienes!

— Es para abrazarte mejor, hija mía.

— Abuela, ¡qué piernas tan grandes tienes!

— Es para correr mejor, hija mía.

— Abuela, ¡qué orejas tan grandes tienes!

— Es para oírte mejor, hija mía.

— Abuela, ¡qué ojos tan grandes tienes!

— Es para verte mejor, hija mía.

— Abuela, ¡qué dientes tan grandes tienes!

— ¡Para comerte mejor!

Y diciendo estas palabras, este lobo malo se abalanzó sobre Caperucita Roja y se la comió.

Moraleja

Aquí vemos que la adolescencia,
en especial las señoritas,
bien hechas, amables y bonitas
no deben a cualquiera oír con complacencia,
y no resulta causa de extrañeza
ver que muchas del lobo son presa.
Y digo el lobo, pues bajo su envoltura
no todos son de igual calaña:
los hay con no poca maña,
silenciosos, sin odio ni amargura,
que en secreto, pacientes, con dulzura
van a la siga de las damiselas
hasta las casas y en las callejuelas;
mas, bien sabemos que los zalameros
entre todos los lobos ¡ay! son los más fieros.

Disponible en: <http://www.ciudadseva.com/textos/cuentos/fran/perrault/caperuci.htm>. Acceso: el 16 de febrero de 2012.

Calaña: manera de ser de una persona o cosa ser, generalmente negativa;
Maña: astucia o engaño;
Zalamero: adulador.

1. ¿Cuál es la moraleja del cuento?
   _____
   _____

2. ¿Por qué este cuento sigue siendo actual en pleno siglo XXI?
   _____
   _____

3. ¿Cuáles son los personajes de este cuento?
   _____
   _____
   _____

Interactuando con el texto

En grupos de 4 ó 5 compañeros

1. ¿Cómo sería la Caperucita Roja moderna?

2. ¿A qué tipos de problemas estaría expuesta?

3. ¿Cómo podría defenderse la Caperucita Roja moderna de los "lobos malos"?

4. ¿Qué moraleja incluirían en la versión moderna de este cuento?

5. Busquen en el periódico alguna noticia de violencia contra los adolescentes y péguenla a continuación.

Punto de apoyo

Usted: pronombre de tratamiento formal.

Pronombres personales		
Sujeto	Objeto directo	Objeto indirecto
Yo	Me	A mí
Tú	Te	A ti
Él / Ella / Usted	Lo La Se	A él/Le A ella/Le Se
Nosotros	Nos	A nosotros
Vosotros*	Os*	A vosotros*/Os
Ellos / Ellas / Ustedes	Los Las Se	A ellos/Les A ellas/Les Se

* Variante peninsular

Practicando la lengua

En parejas

1. Este es el cuento "Caperucita Roja" de los hermanos Grimm 1.ª parte (pág. 126). Léanlo y contesten las preguntas:

   a) ¿A quién le hizo la madre una capa roja?

b) ¿Por qué en el pueblo empezaron a llamarla Caperucita Roja?

_____

c) ¿A quién Caperucita Roja debía llevarle el cesto de pasteles?

_____

d) ¿A quién encontró Caperucita Roja en el bosque?

_____

e) ¿Qué buscó Caperucita Roja en el bosque para llevarle a su abuela?

_____

2. Completen adecuadamente los espacios siguientes, teniendo en cuenta las indicaciones.

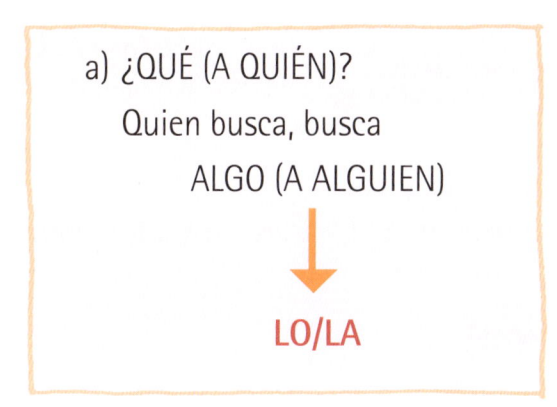

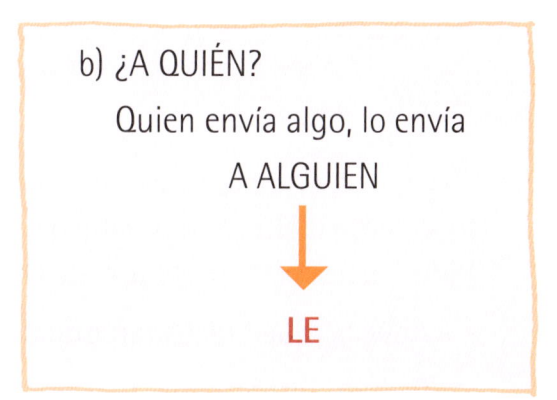

a) ¿QUÉ (A QUIÉN)?
   Quien busca, busca
   ALGO (A ALGUIEN)
   ↓
   LO/LA

b) ¿A QUIÉN?
   Quien envía algo, lo envía
   A ALGUIEN
   ↓
   LE

Caperucita Roja 1.ª Parte

Había una vez una niña muy bonita. Su madre _____ había hecho una capa roja y la muchachita _____ llevaba tan a menudo porque _____ gustaba tanto que todo el mundo en el pueblo _____ llamaba Caperucita Roja.

Un día, su madre _____ pidió que llevase unos pasteles a su abuela que vivía al otro lado del bosque, recomendándo_____ que no se entretuviese por el camino, pues cruzar el bosque era muy peligroso, ya que siempre andaba acechando por allí un lobo malvado.

Caperucita Roja recogió la cesta con pasteles y se puso en camino. La niña tenía que atravesar el bosque para llegar a casa de la abuelita, pero no _____ daba miedo porque allí siempre se encontraba con muchos amigos: los pájaros, las ardillas, los ciervos.

De repente vio al lobo, que era enorme, delante de ella.

— ¿A dónde vas, niña? — _____ preguntó el lobo con su voz ronca.

— A casa de mi abuelita — _____ dijo Caperucita.

— No está lejos — pensó el lobo para sí, dándose media vuelta.

Caperucita puso su cesta en la hierba y se entretuvo cogiendo flores.

[...]

Disponible en: <http://www.bebesenlaweb.com.ar/cuentos/clasicos/caperucitaroja.html>. Acceso: el 8 de enero de 2009.

Acechando: En portugués, "A espreita".

3. Examinen el diálogo entre Caperucita Roja y el lobo feroz disfrazado de abuela, en la versión de Charles Perrault, y completen adecuadamente los huecos.

— Abuela, ¡qué brazos tan grandes tienes!
— Es para abrazar _____ mejor, hija mía.

— Abuela, ¡qué piernas tan grandes tienes!

— Es para correr mejor, hija mía.

— Abuela, ¡qué orejas tan grandes tienes!

— Es para oír _____ mejor, hija mía.

— Abuela, ¡qué ojos tan grandes tienes!

— Es para ver _____ mejor, hija mía.

— Abuela, ¡qué dientes tan grandes tienes!

— ¡Para comer _____ mejor!

Y diciendo estas palabras, este lobo feroz se abalanzó sobre Caperucita Roja y se la comió.

Disponible en: <http://www.ciudadseva.com./textos/cuentos/fran/perrault/caperuci.htm>. Acceso: el 8 de enero de 2009.

> Acuérdense de que los pronombres se escriben junto al verbo como si fueran una sola palabra y no separados como en portugués.

4. Si Caperucita Roja tuviese una hermanita, y las dos hablasen con el lobo feroz disfrazado de abuela, las respuestas serían.

   a) Es para abrazar _____ mejor, hijas mías.

   b) Es para oír _____ mejor, hijas mías.

   c) Es para ver _____ mejor, hijas mías.

   d) ¡Para comer _____ mejor!

5. Completen el siguiente diálogo entre ustedes y Caperucita roja usando los pronombres personales adecuados:

   Ustedes: Hola, Caperucita, ¿vas a ver a tu abuela?

   Caperucita: Sí, y _____ llevo pasteles de chocolate.

   Ustedes: Cuidado con el lobo feroz. Puede hacer _____ daño.

   Caperucita: No _____ preocupen, _____ cuidaré.

   Ustedes: Cuando veas a tu abuela, da _____ recuerdos de nuestra parte.

   Caperucita: Gracias. Chau.

Puerta de acceso

Caperucita Roja — 2.ª parte
Hermanos Grimm

Mientras Caperucita se entretenía buscando flores por el bosque, el lobo feroz se dirigió rápidamente a casa de la abuelita y llamó a la puerta.

[...]

La anciana le abrió pensando que era Caperucita. Un cazador que pasaba por allí había observado la llegada del lobo.

El lobo devoró a la abuelita y se puso el gorro rosa de la desdichada, se metió en la cama y cerró los ojos. No tuvo que esperar mucho, pues Caperucita Roja llegó enseguida, toda contenta. La niña se acercó a la cama y vio que su abuela estaba muy cambiada.

— Abuelita, abuelita, ¡qué ojos más grandes tienes!

— Son para verte mejor – dijo el lobo tratando de imitar la voz de la abuela.

— Abuelita, abuelita, ¡qué orejas más grandes tienes!

— Abuelita, abuelita, ¡qué dientes más grandes tienes!

— Son para... ¡comerte mejoooor! – diciendo esto, el lobo malvado se abalanzó sobre la niñita y la devoró, lo mismo que había hecho con la abuelita.

Mientras tanto, el cazador se había quedado preocupado y creyendo adivinar las malas intenciones del lobo, decidió echar un vistazo a ver si todo iba bien en la casa de la abuelita. Vio la puerta de la casa abierta y al lobo tumbado en la cama, dormido tan harto que estaba.

El cazador sacó su cuchillo y rajó el vientre del lobo. La abuelita y Caperucita estaban allí, ¡vivas!

Para castigar al lobo malo, el cazador le llenó el vientre de piedras y luego lo volvió a cerrar. Cuando el lobo se despertó de su pesado sueño, sintió muchísima sed y se dirigió a un estanque próximo para beber. Como las piedras pesaban mucho, cayó al estanque de cabeza y se ahogó.

En cuanto a Caperucita y su abuela, no sufrieron más que un gran susto, pero Caperucita Roja había aprendido la lección. Prometió a su abuelita no hablar con ningún desconocido que se encontrara en el camino. De ahora en adelante, seguiría las juiciosas recomendaciones de su abuelita y de su mamá.

Disponible en: <http://www.bebesenlaweb.com.ar/cuentos/clasicos/caperucitaroja.html>.
Acceso: el 16 de febrero de 2012.

1. ¿Cuál es el fin del lobo feroz en cada una de las versiones (la de Charles Perrault y la de los hermanos Grimm)?

2. Anoten las **semejanzas** entre las dos versiones.

3. Anoten las **diferencias** entre las dos versiones.

4. ¿En cuál de las versiones se puede añadir el final clásico de "**Y fueron felices y comieron muchas perdices**"?

Explorando el texto

En grupos de 3 ó 4 compañeros

1. Señalen las afirmaciones correctas:

1.1. En el bosque había un lobo feroz que comía niños. Por eso Caperucita tenía que cruzarlo de prisa.

   a) como en el bosque había un lobo feroz que comía niños, Caperucita tenía que cruzarlo de prisa.

   b) Había en el bosque un lobo feroz que comía niños; luego, Caperucita tenía que cruzarlo de prisa.

2. Caperucita se entretuvo en el bosque buscando flores. Durante ese tiempo el lobo feroz corrió a casa de la abuela.

   a) Mientras el lobo feroz corría a casa de la abuela, Caperucita se entretuvo en el bosque buscando flores.

   b) En cuanto al lobo feroz, éste entretuvo a Caperucita diciéndole dónde había flores.

3. El lobo comió a la abuela y luego a Caperucita.

   a) El lobo comió simultáneamente a la abuela y a Caperucita.

   b) Después de comer a la abuela, el lobo comió a Caperucita.

4. Comparen el final de la historia de Caperucita Roja de los hermanos Grimm con la siguiente frase y anoten por qué ésta resulta divertida:

> **Caperucita Roja se casó con el príncipe azul y tuvieron un hijo violeta.**

Disponible en: <http://www.chistes.com/Clasificacion.asp?ID=43.>. Acceso: el 16 de febrero de 2012.

Produciendo un texto propio

> Si les gusta contar historias, lean en voz alta la versión creada por ustedes. O represéntenla.

En grupos de 3 ó 4 compañeros

1. Basándose en el cuento tradicional de Caperucita Roja, escriban una versión moderna para adolescentes de 11 a 13 años, usando las fórmulas clásicas: "Érase una vez", "En un reino muy distante", "Había una vez una chica"... Al concluirlo, no se olviden de incluir la frase "Colorín, colorado, este cuento se ha acabado".

2. Después de hacer las correcciones con la ayuda de su profesor(a), reescríbanlo en una cartulina grande, añadan las ilustraciones necesarias, y expónganlo en el mural de su escuela.

Puerta de salida

Adivinanzas del cuerpo humano

1. Treinta y dos sillitas blancas
   en un viejo comedor,
   y una vieja parlanchina
   que las pisa sin temor.
   (la) _____

2. Unas son redondas,
   otras ovaladas,
   unas piensan mucho.
   otras casi nada.
   (la) _____

3. Órdenes da, órdenes recibe,
   algunas autoriza,
   otras prohíbe.
   (el) _____

4. En la jirafa descuella,
   bajo la barba del rey,
   lo tiene cualquier botella,
   la camisa o el jersey.
   (el) _____

5. Cinco hermanos muy unidos
   que no se pueden mirar,
   cuando riñen aunque quieras
   no los puedes separar.
   (los) _____

6. Adivina, adivinanza.
   ¿Qué tienen los reyes en la panza
   Igual que cualquier mendigo?
   (el) _____

7. A muchos se lo suelen tomar
   si antes no se ha ido a pelar.
   (el) _____

8. No son flores,
   pero tienen plantas
   y también olores.
   (los) _____

9. Como la piedra son duros;
   para el perro un buen manjar
   y sin ellos no podrías
   ni saltar ni caminar.
   (los) _____

Respuestas: 1: La boca. 2: La cabeza. 3: El cerebro. 4: El cuello. 5: Los dedos. 6: El ombligo. 7: El pelo. 8: Los pies. 9: Los huesos.

Disponible en: <http://www.adivinancero.com/adivina9.htm>. Acceso: el 16 de febrero de 2012.

Sugerencia de lectura

- ZIRALDO. **Menino Maluquinho en español (El Polilla)**. São Paulo: Melhoramentos, 2008.
- La importancia de tener una infancia feliz para ser un adulto feliz.

Sugerencia: estudio científico disponible en Internet sobre la alimentación de los jóvenes mexicanos <http://www.didac.ehu.es/antropo/16/16-5/MacedoOjeda.pdf>.

- Calculadora de Índice de Masa Corporal (IMC) y diversas informaciones en:

<http://www.scientificpsychic.com/fitness/dieta.html>.

¡Colorín colorado este libro se ha acabado!

Escuchando (solución)

Pista 1 - Unidad 1 - Pág 18
El Museo del Caribe.
La persona encargada de desarrollar el concepto museográfico del Museo del Caribe es el brasilero Marcello Dantas, reconocido diseñador, curador de exposiciones y director de documentales que posee estudios en Cine y Televisión de la New York University, cuenta con un postgrado en Telecomunicaciones Interactivas por la misma universidad. También realizó estudios de Historia de la Arte y Teoría del Cine en Florencia (Italia) y de Relaciones Internacionales y Diplomacia en Brasilia. Dantas expresa que el museo contemporáneo "es un lugar que dialoga con el público, es mucho más que un lugar para guardar objetos. Es la catedral de nuestro tiempo, un lugar donde nuestra identidad, nuestra historia, las cosas que inspiran a crear en una sociedad están siempre recordadas, interactuando con las nuevas generaciones".

Pista 2 - Unidad 1 - Pág 19
El Museo del Caribe (continuación).
La primera es la Sala de la Naturaleza, que muestra lo que estaba aquí antes de la llegada del hombre y que es fundamental para definir su comportamiento, las transformaciones del paisaje actual y su espacio. Después sigue la Sala de la Gente, que hace referencia a los pueblos de la región: de dónde vinieron, cómo se comportan en el espacio, qué mezclas han producido. Se pasa a la Sala de la Palabra, que hace referencia a la expresión cultural más elaborada; en ella se recrea cómo las personas han inventado y creado, desde su propia lengua, las historias, el imaginario, la poesía, la prosa popular. Un cuarto espacio es la Sala de la Acción, que muestra el accionar socioeconómico y político que se ha dado sobre este espacio. Y en el último piso es donde se muestra su máxima expresión colectiva y cultural; allí la danza, la música, el carnaval, las fiestas, las tradiciones, que son los momentos donde la cultura se celebra así misma, ofrecen al visitante el momento máximo de encuentro con la esencia de los pueblos del Caribe colombiano: la Sala de la Expresión.

Pista 3 - Unidad 1 - Pág 20
El Museo del Caribe (última parte).
Su lenguaje es el de un Museo que es en gran parte inmaterial, ya que no está basado en una colección. "Este hecho le otorga un papel muy importante para que el pueblo del Caribe se reconozca y se sienta orgulloso de ser este pueblo", expresó Marcello Dantas. (...) El público encontrará en él una naturaleza imaginaria, las voces que han creado la palabra en el Caribe, los instrumentos que han hecho el trabajo del hombre sobre el tiempo y el espacio. Va a encontrar el talento de la expresión corporal y musical de sus pueblos, su determinación, su voluntad de estar juntos y muchos motivos para ser feliz, siendo Caribeño. "Este proyecto nos enseñó que no importa el tamaño de la sociedad, sus dificultades sociales, políticas y económicas, es posible crear un puente para una sociedad mejor cuando hay una voluntad positiva creadora", concluyó Dantas y así mismo extendió una invitación a visitar el museo, "un lugar para conocer y reconocer la identidad del Caribeño mediante un nuevo lenguaje y celebrar lo bello que hay en esta sociedad, su diversidad y su historia", añadió.

Pista 4 - Unidad 1 - Pág 26
Fragmentos de Lazarillo de Tormes.

Pista 5 - Unidad 1 - Pág 31
Comentario de la leyenda del cocuyos.
La belleza de los cocuyos es como la de las luciérnagas; ambos son insectos que emiten luz intermitente durante la noche. Fueron los cocuyos quienes inspiraron este relato a los indios pemón de Venezuela, publicado en México por la SEP en 1982.

Pista 6 - Unidad 2 - Pág 48
Es mi pesadilla.

Pista 7 - Unidad 2 - Pág 57
La carta que escribió el jefe Seattle.

Pista 8 - Unidad 2 - Pág 63
Trabajo forzoso en Brasil.

Pista 9 - Unidad 3 - Pág 86
Fiesta de Iemanjá.
Hay flores en el mar, en el borde de tu falda hoy te vienen a entregar, madre fuerza de las aguas, flores blancas en el mar. / En el borde de tus barcas una tenue claridad, y en los ojos de tus hijos se te puede adivinar. / Se van las barcas de Iemanjá, / Se van las barcas de Iemanjá. / En el borde de tus aguas hay un murmullo de sal, son aladas tus espumas, es salado tu cantar. (Todos saben que en febrero crecen flores en el mar) (Quién no sabe que en febrero crecen flores en el mar)

Pista 10 - Unidad 3 - Pág 88
Buscando la paz.
Había una vez un rey que ofreció un gran premio a aquel artista que pudiera captar en una pintura la paz perfecta. Muchos artistas lo intentaron. El rey observó y

admiró todas las pinturas, pero solamente hubo dos que a él realmente le gustaron y tuvo que escoger entre ellas. La primera era un lago muy tranquilo. Este lago era un espejo perfecto donde se reflejaban unas plácidas montañas que lo rodeaban. Sobre éstas se encontraba un cielo muy azul con tenues nubes blancas. Todos quienes miraron esta pintura pensaron que ésta reflejaba la paz perfecta.

La segunda pintura también tenía montañas. Pero éstas eran escabrosas y descubiertas. Sobre ellas había un cielo furioso del cual caía un impetuoso aguacero con rayos y truenos. Montaña abajo parecía retumbar un espumoso torrente de agua. Todo esto no se revelaba para nada pacífico.

Pero cuando el Rey observó cuidadosamente, vio tras la cascada un delicado arbusto creciendo en una grieta de la roca. En este arbusto se encontraba un nido. Allí, en medio del rugir de la violenta caída de agua, estaba sentado plácidamente un pajarito en su nido…

¿Paz perfecta…?

¿Cuál crees que fue la pintura ganadora?

Pista 11 - Unidad 4 - Pág 95
Comer con color.

Pista 12 - Unidad 4 - Pág 105
1) José

8,00 h.- Café descafeinado con leche de soja. 1/2 panecillo con aceite oliva virgen.

11,00 h.- Puñado de almendras

15,00 h.- Solomillo de cerdo al horno con mostaza y papas. Un poco de helado.

20,30 h.- 1/2 panecillo con queso y un poco de mermelada de arándanos. Batido soja

Me salté la merienda… lo que no está bien… pero… tengo que recuperar ritmo.

Pista 13 - Unidad 4 - Pág 105
2) Teresa

7,30 h.- Sandwich pan integral con pechuga de pavo. Infusión.

11,30 h.- Manzana

14,00 h.- Carne en salsa con papas fritas y verduras.

18,00 h.- Algo de chocolate (estaba en la calle… jeje)

21,30 h.- 2 rebanadas de pan integral tostado con queso. Batido soja.

Pista 14 - Unidad 4 - Pág 105
3) Henrique

Al despertarme 7 am una manzana o una pera. Luego desayuno 4 claras de huevos cocidos un poco de sal una rebanada de pan integral y una ensalada (esta es la que como en el desayuno y almuerzo) y un batido (que tomaré en la merienda y desayuno)

Ensalada:
cruda
+Zanahoria
+ Repollo Morado
+ Cebolla Morada
+Ajo
+aguacate
+ Un poco aceite de oliva
Vinagre y sal marina

Batido:
+Leche de soya en polvo
+Ajonjoli
+Muy poca azúcar sin refinar o panela
+Maní en cantidad moderada
+Plátano o también llamado Banana
+Soya natural (previamente hervida)
+Avena

En el almuerzo de 12 del medio día a 1 pm comeré arroz integral (poca cantidad), junto con granos podrían ser (garbanzo, lenteja y arveja entre otros) y la ensalada. En la merienda a las 3pm un vaso del batido y en la cena de 6 pm a 6:30 pm quizás algunas verduras al vapor, brócoli , zanahoria, chayote , cebolla entre otros, que podría ir agregando de acuerdo a lo que tenga en la nevera

Pista 15 - Unidad 4 - Pág 114
El toque de celular.

¿Sabías que existen sonidos que los adultos no pueden oír, pero los niños y adolescentes si?

En un interesante artículo publicado en el New York Times, el columnista Paul Vitello recopila la historia del tono para celulares mosquito, el cual tiene la propiedad de ser escuchado sólo por los más jóvenes.

Todo empezó cuando una empresa de seguridad inventó El Mosquito, un dispositivo que emite un sonido para espantar a los adolescentes (útil contra barras bravas, peleas entre colegiales a la salida y fans enamoradas en conciertos de boys band).

Pero El Mosquito fue reinventado por un anónimo, y lo convirtió de un arma contra los jóvenes a una herramienta útil. Así nació el ringtone mosquito. La distribución se hizo por internet a la velocidad de la luz. La ciencia tiene una explicación para esto, y la denomina presbiacusia. Consiste en la pérdida gradual de la audición con el paso de los años, un mal bastante común entre adultos. Citando la web de la Universidad de Virginia, existen otros factores que contribuyen a la presbiacusia:

* Efectos acumulativos de ruidos ambientales, Pérdida de células del órgano de Corti (receptores sensoriales en el oído interno), Factores hereditarios, Envejecimiento, Salud y Efectos secundarios de algunos medicamentos. Haciendo pruebas con personas mayores de 40 años, ninguna pudo escuchar el mosquito; mientras que los niños eran capaces de oír todos, incluso el sonido de 17959 Hz.

Referencias

COMISIÓN PARA LA DEFENSA DEL IDIOMA ESPAÑOL. **Así escriben los niños de México**. Durango, 1982.
DICCIONARIO SALAMANCA DE LA LENGUA ESPAÑOLA. Madrid: Santillana, 1996.
WASSERMAN, Cláudia; GUAZELLI, César B. **História da América Latina**. Porto Alegre: UFRGS, 1996.
Lazarillo de Tormes.
Gaturro, Nik. 2008 Nik/Dist. by Universal Uclick. p.36.
VIVA, la revista de Clarín, 02 de julio de 2000.
RAMÓN JIMÉNEZ, Juan. **Platero y yo**. Buenos Aires: Longseller, 2008.
McBRIDE, James. **Planeta hip-hop**. In: National Geographic en español. Buenos Aires, abril de 2007, vol. 20, n.4.
VIVA, revista Clarín, 9 de julio de 2000.
VIVA, revista Clarín, 20 de abril 2008.
SABER VIVIR, año 9, n. 234, 15 de marzo de 2008.
VIVA, revista de Clarín, 14 de setiembre de 2008.
Revista BRAVO ¡por ti!, nº338, p. 24.

Sites

<http://www.los-poetas.com/n/belli1.htm>
<http://s98.middlebury.edu/SP305A/proyectos/garcia.html>
<http://www.losmejorescuentos.com/cuentos/romanticos944.php>
<http://es.wikipedia.org/wiki/Museo>
<http://www.mcu.es/museos/docs/MC/MES/Rev04/Itinerario_Museologia_Arquitecturas_Iberoamerica_Bellido.pdf>
<http://www.cervantesvirtual.com>
<http://blog.teatrodope.com.br/2007/07/06/autobiografia-de-patativa-do-assare/>
<http://rinconliteraturainfantil.blogspot.com/2009/07/el-cocuyo-y-la-mora.html>
<http://www.educar.org/comun/actividadeseducativas/matematicas/Acertijos>
<http://acertijos.elhuevodechocolate.com/de13a99/acertijo6.htm>
<http://www.revistafucsia.com/edicion-impresa/articulo/estereotipos-cliches/8640>
<http://www.portalplanetasedna.com.ar/prejuicios_sociales.htm>
<http://argentina.indymedia.org/print.php?id=690352>
<http://es.wikipedia.org/wiki/Pueblos_ind%C3%ADgenas_de_Brasil>
<http://webpages.ull.es/users/aumartin/Carta%20del%20Gran%20Jefe%20Seattle.pdf>
<http://ensantelmo.com/Sociedad/Participacion/Eventos/conci_negra.htm>
<http://www.revistaquilombo.com.ar/revistas/30/q30.htm>
<http://www.ilo.org/global/about-the-ilo/press-and-media-centre/insight/WCMS_092667/lang--es/index.htm>
<http://www.los-poetas.com/c/guillen1.htm>
<http://www.elpais.com/articulo/sociedad/asfalto/apodera/Asia/elpepisoc/20119091epusoc_4//Tes>
<http://www.tupatrocinio.com/patrocinio.cfm/proyecto/17691020102548515251 52487>
<http://amajar.blogspot.com/>
<http://www.cajastur.es/clubdoblea/diviertete/juegos/elcuerpohumano.html>
<http://www.diversidadambiental.org/articulos/nota012.html>
<http://www.teenbuzz.org/es/>
<http://pacomova.eresmas.net/caperucita/cuento_con_dibujos.htm>
<http://www.ciudadseva.com/textos/cuentos/fran/perrault/caperuci.htm>
<http://www.bebesenlaweb.com.ar/cuentos/clasicos/caperucitaroja.html>
<http://www.chistes.com/Clasificacion.asp?ID=43.>
<http://www.adivinancero.com/adivina9.htm>
<http://rinconliteraturainfantil.blogspot.com/2009/07/el-cocuyo-y-la-mora.html>
<http://www.me.gov.ar/efeme/paz_internacional/cuentan.html>
<http://www.arturogoga.com/2008/03/27/ringtone-tono-mosquito-un-sonido-que-adultos-no-pueden-escuchar>